A LEGÍTIMA DEFESA COMO CAUSA EXCLUDENTE DA RESPONSABILIDADE CIVIL

Dados Internacionais de Catalogação na Publicação (CIP)
(Câmara Brasileira do Livro, SP, Brasil)

Rodrigues, Arlindo Peixoto Gomes
 A legítima defesa como causa excludente da
responsabilidade civil / Arlindo Peixoto Gomes
Rodrigues. — São Paulo : Ícone, 2008.

 Bibliografia.
 ISBN 978-85-274-0944-5

 1. Ação civil 2. Causalidade 3. Culpa (Direito)
4. Legítima defesa (Direito) 5. Nexo causal
6. Responsabilidade (Direito) I. Título.

07-9229   CDU-343.228

Índices para catálogo sistemático:

1. Legítima defesa : Causa excludente da
     responsabilidade civil : Direito penal
     343.228

Arlindo Peixoto Gomes Rodrigues

A LEGÍTIMA DEFESA COMO CAUSA EXCLUDENTE DA RESPONSABILIDADE CIVIL

© Copyright 2008.
Ícone Editora Ltda.

Capa
Andréa Magalhães da Silva

Revisão
Rosa Maria Cury Cardoso
Saulo C. Rêgo Barros

Diagramação
Nelson Mengue Surian

Proibida a reprodução total ou parcial desta obra,
de qualquer forma ou meio eletrônico, mecânico,
inclusive através de processos xerográficos,
sem permissão expressa do editor
(Lei n° 9.610/98).

Todos os direitos reservados à
ÍCONE EDITORA LTDA.
Rua Anhangüera, 56 - Barra Funda
CEP 01135-000 - São Paulo - SP
Tel./Fax.: (11) 3392-7771
www.iconeeditora.com.br
E-mail: iconevendas@iconeeditora.com.br

SOBRE O AUTOR

ARLINDO PEIXOTO GOMES RODRIGUES é mestre em Direito pela Universidade Paulista e formado em Direito pela Faculdade de Direito de São João da Boa Vista;

Professor de Direito Penal, Direito Processual Penal, Prática Jurídica Penal da Universidade Paulista de Campinas *Campus Swift e Vitale;*

Professor de Direito Processual Penal e Prática Jurídica Penal, da Universidade Paulista Campus de São José do Rio Pardo;

Professor de Prática Jurídica Criminal da Universidade da Fundação de Ensino Octávio Bastos de São João da Boa Vista;

Professor de Concurso Preparatório para Exames da Ordem dos Advogados do Brasil e de Concursos Públicos;

Professor de Pós-Graduação da Universidade da Fundação de Ensino Octávio Bastos de São João da Boa Vista;

Já ministrou aulas de Direito Penal, Ética Jurídica, Introdução ao Estudo do Direito na Universidade Paulista (UNIP) *Campus* São José do Rio Pardo;

Advogado militante em São João da Boa Vista e região.

Professor de Pós-Graduação em Direito Processual Penal e Direito Penal na FATECE - Pirassununga e Professor da Escola Superior de Advocacia (ESA), núcleo Pirassununga.

"O homem nunca pode parar de sonhar. O sonho é o alimento da alma, como a comida é o alimento do corpo. Muitas vezes, em nossa existência, vemos nossos sonhos desfeitos e nossos desejos frustrados, mas é preciso continuar sonhando, senão nossa alma morre e Deus não penetra nela."

Dedico este trabalho

A Deus que a tudo vê e a tudo provê;

À minha esposa, Roberta Piva Rodrigues, pela dedicação e compreensão durante os momentos difíceis;

Ao meu pai, Arlindo Gomes Rodrigues, e à minha Mãe, Lídia Peixoto Rodrigues, que hoje me ampara nas esferas superiores, pelo apoio e pela oportunidade que me deram para estudar;

Aos meus colegas falecidos Dr. José Eduardo Bastos, Joel Lisboa Biotto e ao inesquecível Ismael Bertini Montoya, pelos seus exemplos de vida e transmissão de conhecimentos que, por suas prematuras partidas, nos deixaram carentes de saudades e de conhecimentos.

AGRADECIMENTOS

Ao professor, Artur Marques da Silva Filho, orientador deste trabalho, expresso os meus sinceros agradecimentos e meu respeito, que é pouco diante do muito que me foi oferecido. Agradeço pela paciência, bondade e humanidade de um verdadeiro mestre que soube tirar de sua grandeza a humildade de guiar seu aluno no árduo caminho do curso de Mestrado. Nobre e dignificante é sua missão de ensinar, a dedicação na transmissão de seus conhecimentos, de sua experiência profissional e de vida, com tanto carinho, guiando-me para além das teorias, das filosofias e das técnicas.

Aos professores Drs. Luís Renato Vedovatto e Gustavo Massari pelo auxílio imprescindível na pesquisa deste trabalho.

À professora Susana Mesquita Barbosa e Maria Clara Martucci Vallim Balthazar que, em seus momentos de folga, deixaram o convívio com seus familiares, ajudando na confecção das normas técnicas monográficas e na correção ortográfica.

Aos meus irmãos de coração, Luiz Fernando Perez, Eduardo Padial Quebradas, Sérgio Ayrton Meirelles de Oliveira, José Roberto Ciacco, Flávio Aprígio Lisboa, Leonardo Meizikas, cuja bondade de coração e ensinamentos de vida jamais me deixaram desistir, fornecendo grande alento à minha caminhada.

À Irma e aos professores do Curso de Mestrado da UNIP que muito contribuíram para minha formação profissional.

Aos Coordenadores de Curso de Direito Drs. Luís Vicente Pellegrini Porto (UNIP São José do Rio Pardo), José Eduardo Haddad, Sérgio Aguiar Vallim Filho (UNIP Campinas) e Maria Lúcia Barboza Mendes Sodré (UNIFEOB) pelo apoio e auxílio na carreira docente.

Uma dedicação toda especial a todos os colegas professores dos Cursos de Direito da UNIP Campinas, UNIP São José do Rio Pardo, UNIFEOB de São João da Boa Vista pelo amparo e por compartilhar comigo seus conhecimentos que fizeram com que houvesse meu crescimento como profissional e como ser humano.

Por fim e não menos especial, dedico esta obra aos meus alunos pelo carinho e pelo afeto demonstrados durante todo o meu tempo de docência, aos quais aprendi a respeitar e com os quais aprendi muito.

Ao Sr. Luiz Carlos Fanelli e aos revisores Rosa Maria Cury Cardoso e Saulo C. Rêgo Barros, meus sinceros agradecimentos pelo cuidado, zelo e presteza no trabalho de revisão realizado.

"Quando o homem praticar a lei de Deus, terá uma ordem social fundada na Justiça e na solidariedade" (Allan Kardec, Livro dos Espíritos, Questão 930).

SUMÁRIO

INTRODUÇÃO, 19

1. ASPECTOS HISTÓRICOS DA RESPONSABILIDADE CIVIL, 23

1.1. A responsabilidade civil vista pelo Direito Romano, 23

1.1.1. O *delictum*, 23

1.1.2. A punibilidade nos delitos privados, 24

1.1.3. Os caracteres romanos da pena, 25

1.1.4. Influência na legislação pátria, 26

2. DA RESPONSABILIDADE CIVIL, 29

2.1. Conceito de responsabilidade, 29

2.2. O dever de indenizar, 30

2.3. Responsabilidade civil e responsabilidade penal, 31

2.4. Responsabilidade contratual e extracontratual, 31

2.5. Responsabilidade objetiva e responsabilidade subjetiva, 31

3. DOS PRESSUPOSTOS DA RESPONSABILIDADE CIVIL, 33

3.1. Ação ou omissão do agente, 33

3.2. Culpa do agente, 34

3.3. Nexo de causalidade, 35

3.4. O dano experimentado pela vítima, 36

4. DA CULPA, 37

4.1. Conceito de culpa, 37

4.2. A culpa no cível e no crime, 38

4.3. A culpa de terceiro, 39

4.4. Graus da culpa, 40

5. DO NEXO DE CAUSALIDADE, 43

5.1. Noções gerais, 43

5.2. A culpa exclusiva da vítima, 43

5.3. A culpa concorrente, 44

5.4. Caso fortuito e força maior, 46

6. DAS CAUSAS EXCLUDENTES DA RESPONSABILIDADE CIVIL, 49

7. A LEGÍTIMA DEFESA COMO CAUSA EXCLUDENTE DA RESPONSA-BILIDADE CIVIL, 53

7.1. Introdução, 53

7.1.1. Da exclusão da ilicitude, 55

7. 1.2. Legítima defesa: esboço histórico, 56

7.1.3. Legítima defesa: considerações gerais, 57

7.1.4. A legítima defesa nos ordenamentos jurídicos estrangeiros, 59

7.1.4.1. A legítima defesa e o Direito Português, 59

7.1.4.2 A legítima defesa dentro do ordenamento jurídico espanhol, 60

7.1.4.3. A legítima defesa na União das Repúblicas Socialistas Soviéticas, 61

7.1.4.4. A legítima defesa e o ordenamento jurídico alemão, 62

7.1.4.5. A legítima defesa e o Direito Italiano, 62

7.1.4.6. A legítima defesa e o Direito Francês, 63

7.1.4.7. A legítima defesa e o ordenamento jurídico argentino, 64

7.1.4.8. A legítima defesa em nosso ordenamento jurídico, 64

7.1.5. Elementos caracterizadores da legítima defesa, 65

7.1.6. Presença da agressão atual ou iminente e injusta, 66

7.1.7. Proteção a direitos do agredido ou de terceiro, 67

7.1.8. Repulsa da agressão com os meios necessários, 68

7.1.9. Inevitabilidade da agressão, 69

7.2. Modalidades de legítima defesa, 69

7.2.1. Legítima defesa recíproca, 70

7.2.2. Legítima defesa putativa, 71

7.2.3. Legítima defesa da honra, 74

7.2.4. Ofendículos, 76

7.2.5. O excesso doloso ou culposo na legítima defesa, 78

7.2.6. A legítima defesa no campo do Direito Civil, 80

7.2.7. A legítima defesa e a responsabilidade civil, 81

7.2.8. A indenização quando inocorre a legítima defesa, 83

7.2.9. A legítima defesa como coisa julgada no cível, 85

7.2.10. Conseqüências do não reconhecimento da legítima defesa no campo da responsabilidade civil, 86

7.2.11. O abuso de direito e a legítima defesa, 87

8. AÇÃO CIVIL *EX DELICTO*, 91

8.1. Considerações iniciais, 91

8.2. A influência da sentença penal condenatória na esfera cível, 93

8.3. O reconhecimento das excludentes na esfera penal, 97

8.4. Decisões penais que não impedem a ação civil, 99

8.5. Titularidade ativa e passiva para execução da sentença, 107

8.6. Legitimidade do Ministério Público, 109

8.7. Fixação de indenização no caso de homicídio, 116

8.8. Fixação de indenização nos casos de lesão ou de ofensa à saúde, 117

8.9. Fixação de indenização nos casos de lesão ou de ofensa à saúde, 117

8.10. Fixação de indenização em casos de calúnia, injúria e difamação, 118

8.11. Fixação de indenização em casos de atos ofensivos à liberdade pessoal, cárcere privado, prisão por queixa ou denúncia falsa, má-fé e prisão ilegal, 118

8.12. Aspectos processuais da liquidação de sentença da *Actio Civilis Ex Delicto* em conformidade com a Lei 11.232/05, 119

9. REVISÃO CRIMINAL E DIREITO INDENIZATÓRIO, 121

9.1. Introdução, 121

9.2. A coisa julgada criminal, 121

9.3. Revisão criminal, 122

9.4. Revisão criminal *pro societatis*, 124

9.5. Revisão *pro reo*, 124

9.6. Hipóteses de cabimento, 125

9.7. Sentença condenatória contrária ao texto expresso da lei penal, 126

9.8. Quando a sentença condenatória for contrária à evidência dos autos, 127

9.9. Sentença condenatória fundada em depoimentos, exames ou documentos comprovadamente falsos, 128

9.10. Descoberta, após a sentença, de novas provas de inocência do condenado, 129

9.11. Descoberta, após a sentença, de circunstâncias que determinem ou autorizem diminuição especial de pena, 130

9.12. Conseqüências do acolhimento do pedido revisional, 131

9.13. Legitimidade ativa para revisão criminal, 131

9.14. Direito indenizatório, 132

9.15. Dever do Estado, 133

9.16. Danos morais e materiais, 134

9.17. Isenção do dever de indenizar, 135

9.18. Liquidação e execução da sentença, 136

9.19. Direito de regresso contra o Juiz e o Ministério Público, 138

10. A RESPONSABILIDADE CIVIL DO ESTADO E A LEGÍTIMA DEFESA, 141

10.1. Esboço histórico, 141

10.2. Responsabilidade civil aquiliana, 146

10.3. Da teoria da culpa administrativa, 146

10.4. Teoria do risco administrativo, 147

10.5. Responsabilidade objetiva, 147

10.6. A responsabilidade civil objetiva e a legítima defesa, 150

CONCLUSÃO, 155

REFERÊNCIAS, 159

INTRODUÇÃO

O presente trabalho monográfico foi apresentado ao Instituto de Ciências Jurídicas da Universidade Paulista em Direito Civil, sob orientação do Prof. Dr. Artur Marques da Silva Filho.

Trabalhando como advogado na área de Direito Penal e exercendo o magistério nessa disciplina há alguns anos, observou-se que alguns temas e institutos jurídicos, considerados muitas vezes como exclusivos do Direito Penal, poderiam ser analisados e introduzidos em outras áreas do Direito, como o Direito Civil.

Neste diapasão, pensou-se como tema para a presente monografia: **A legítima defesa como causa excludente da responsabilidade civil.**

A situação problemática que se apresentou ao pesquisador, então, consistia em analisar se seria possível alegar a legítima defesa como causa excludente na ilicitude da responsabilidade civil. E mais, se este instituto do direito penal, a legítima defesa, observado agora sob a óptica do Direito Civil, conservaria ou não suas características essenciais, a fim de que se pudesse demonstrar a pertinência ou não de tal analogia.

A hipótese levantada é de que em alguns casos considerados como ilícitos pelo Direito Civil, ou seja, aqueles atos praticados pelo agente, quando este extrapola seus limites indo além das regras de experiência comum, denominando esta conduta de abuso de direito, há também aí a prática do ilícito penal. Portanto, gera-se uma relação de dependência total entre a jurisdição civil e a penal e, assim, torna-se legítima a utilização do instituto da legítima defesa no campo do Direito Civil.

Desta forma, o objetivo geral desta pesquisa é demonstrar a possibilidade de a legítima defesa ser considerada como causa excludente de ilicitude na responsabilidade civil.

Para alcançar este objetivo geral, foram estabelecidos outros objetivos intermediários. Análise cautelosa do instituto da responsabilidade civil e de seus pressupostos fundamentais, a fim de se observar quais são os requisitos essenciais da culpa e do ato ilícito. Entendidos estes, a pesquisa encaminhou-se para a detecção das possíveis causas excludentes de ilicitude na responsabilidade civil.

Paralelamente, analisou-se o instituto da legítima defesa no campo do Direito Penal, a fim de demonstrar que é possível a alegação deste como causa excludente de ilicitude na responsabilidade civil. Por fim, buscou-se caracterizar a responsabilidade civil do Estado e a legítima defesa.

Hoje, a questão da responsabilidade civil no Brasil começa a se tornar tão difundida quanto nos países mais desenvolvidos, como, por exemplo, nos Estados Unidos da América e, portanto, é preciso cada vez mais elaborar uma discussão sobre os elementos que a compõem. Essa justificativa determina a oportunidade desta análise nesse momento para o País.

Além disso, o tema é de fundamental importância, visto que cada dia mais vem sendo alegada e observada nos atos ilícitos a dupla inferência, ou seja, seu aspecto penal e civil.

A metodologia utilizada para esta pesquisa foi a de tipo exploratória, baseando-se, principalmente, em referências como livros, legislação, revistas, artigos, jornais e jurisprudência, a fim de compreender qual é o enquadramento da questão no ordenamento jurídico e na doutrina nacional e internacional.

Essa pesquisa é apresentada em dez capítulos, dispostos da seguinte maneira:

O Capítulo I - ASPECTOS HISTÓRICOS DA RESPONSABILIDADE CIVIL, onde é apresentada a responsabilidade civil pela óptica do direito romano e como esta influenciou na legislação brasileira.

O Capítulo II - DA RESPONSABILIDADE CIVIL, onde o conceito de responsabilidade é explorado nos campos do Direito Civil e Penal e são analisados os tipos de responsabilidade existentes: contratual e extracontratual; objetiva e subjetiva.

O Capítulo III - DOS PRESSUPOSTOS DA RESPONSABILIDADE CIVIL, onde são descritos os requisitos necessários para que seja feita a alegação da responsabilidade.

O Capítulo IV - DA CULPA, onde são apresentados os elementos deste instituto e suas características essenciais.

O Capítulo V - DO NEXO DE CAUSALIDADE que discorre sobre a necessidade de se encontrar os elos causais nos atos ilícitos para que se possa alegar a responsabilidade.

O Capítulo VI - DAS CAUSAS EXCLUDENTES DA RESPONSABI-LIDADE CIVIL, onde é demonstrado que o instituto da responsabilidade civil admite, também, a excludente de ilicitude.

O Capítulo VII - A LEGÍTIMA DEFESA COMO CAUSA EXCLUDENTE DA RESPONSABILIDADE CIVIL, onde são apresentadas a legítima defesa, suas características e modalidades para considerá-la no todo, a fim de observar como esta se apresenta como uma causa excludente de ilicitude.

O Capítulo VIII - AÇÃO CIVIL *EX DELICTO*, onde são apresentados alguns pontos de encontro entre a sentença penal e a ação civil, a fim de que se possa esclarecer os elementos da indenização nos diversos casos ilícitos.

O Capítulo IX - REVISÃO CRIMINAL E DIREITO INDENIZATÓRIO, onde se discorre sobre a possibilidade de existência da revisão criminal e as conseqüências que isso gera em termos de direito indenizatório.

O Capítulo X - A RESPONSABILIDADE CIVIL DO ESTADO E A LEGÍTIMA DEFESA, que procura demonstrar que o Estado possui uma responsabilidade objetiva e como esta se relaciona com o instituto da legítima defesa.

E a CONCLUSÃO onde são apresentadas algumas considerações finais do pesquisador sobre o tema e a resposta encontrada para o problema apresentado.

1. ASPECTOS HISTÓRICOS DA RESPONSABILIDADE CIVIL

1.1. A responsabilidade civil vista pelo Direito Romano

1.1.1. O delictum

Para os romanos, conforme ensina Cretela Júnior (1997, p. 301), "o *delictum* é um ato antijurídico do homem, prejudicial a outrem e passível de punição".

A palavra *delictum* era utilizada de forma genérica pelos romanos, para designar qualquer transgressão às normas de conduta; havendo a fusão da palavra, foi utilizada para designar o ato delitivo civil ou penal.

O *delictum* era uma falta, um crime ou uma transgressão que infringia normas concernentes ao Direito Civil ou ao Direito Penal.

No caso do *delictum* penal, o agente infrator era punido com sanções de natureza corporal, com restrições a sua liberdade.

No campo do Direito Civil, havendo infração a *lex civilis,* o agente era punido com pena pecuniária através do pagamento à vítima de indenização, como forma de compensação pelos danos causados.

Já em Roma, percebe-se a nítida distinção entre o direito público e o direito privado, concepção essa adotada até os dias de hoje. O *delictum* penal pressupunha infração ao interesse público, e o *delictum* civil às normas de conduta protetivas do direito privado.

O *delictum* tinha duas vertentes principais, sendo dividido em delitos públicos e direitos privados. Os delitos privados são os que atingiam a pessoa ou os bens de um particular como conseqüência de uma sentença de procedência para o autor. Denominada pelos romanos de *judicia privada,* dava à vítima direito ao recebimento de uma multa paga pelo infrator.

A responsabilidade advinda do *delictum* penal pressupunha a existência de uma infração que atingisse a uma cidade ou ao próprio Estado. Contra o infrator era iniciado um processo penal, em que eram julgados por tribunais especiais, sendo denominados de *quaestiones perpetuae.*

A título de curiosidade, a legitimação para processar o agente era de qualquer pessoa, ou seja, poderia ser exercida por qualquer cidadão romano. É o que se denomina de *judicia publica,* que acarretavam ao agente as penas corporais como a morte e o exílio e as penas de multa, que eram revertidas ao Estado e não à vítima.

Em termos de delitos privados temos como exemplo, na Lei das XII Tábuas, os fatos ilícitos contra a propriedade – como o *furtum* e a *noxia* – bem como o delito contra a pessoa – *a injúria* –, que tinham como sanção o pagamento ao ofendido de soma em dinheiro.

Já quando o delito era da órbita penal, a punição para este era a pena de morte, tendo como exemplo atos que atentassem para a segurança do Estado Romano (como a *perduellio*), o *parricidium,* o falso testemunho, o incêndio voluntário e o roubo noturno de colheitas.

1.1.2. A punibilidade nos delitos privados

Na fase primitiva, quando era praticado um ato ilícito que tinha repercussão na órbita civil, não sendo, destarte, caracterizado como um delito criminal, a vítima de um delito por si, ou por seus parentes, adotava a corrente retributiva da penalização, defendida por **KANT**, ou seja, o mal pelo mal, sem método, sem sistema e sem proporcionalidade. Era denominada de vingança privada, não regulamentada em que, muitas vezes, a reação era imensamente superior à ofensa recebida.

Mais à frente, os romanos conceberam a idéia da proporcionalidade na retribuição do crime, dando origem à vingança privada regulamentada. Era a denominada "Lei de Talião", conceituada pela conhecida formulação: "olho por olho, dente por dente". Para cada delito, tal vingança.

Além de brutal e desumana, a vingança privada atingia não só o autor do delito, mas também seus familiares e foi ganhando corpo, até se afirmar de forma definitiva.

Em uma fase mais adiantada do direito romano, a vítima do delito tinha duas opções distintas: ou exercia a vingança privada regulamentada, abrindo mão da reparação do dano, ou, de forma diversa, renunciaria ao direito de vingança e teria direito de receber do infrator e de seus familiares uma importância em dinheiro ou em bens que era fixada livremente entre as partes. Surge, então, dentro da órbita do direito romano, a composição voluntária do delito.

Em época posterior, percebemos a influência do Estado Romano nas relações pessoais dos cidadãos. Ele passa a regular os delitos e abole a vingança privada. Para cada delito, o legislador romano fixa uma importância em dinheiro a ser paga à vítima de forma obrigatória, como forma de reparação dos danos, nascendo, então, a figura da composição legal.

1.1.3. Os caracteres romanos da pena

Percebe-se que foi no Direito Romano que surgiu a pena pecuniária e o conceito da indenização como forma retributiva e compensatória pelo dano causado.

A pena de multa é pessoal e intransferível aos herdeiros da vítima ou do réu. O critério da pena é o pessoal ou da personalidade adotado pelo Direito Penal, e a pena de multa fixada, havendo morte da vítima ou do réu, não poderia ser cobrada dos herdeiros. Este princípio do Direito Romano foi adotado pela atual Constituição Brasileira, no seu art. 5º, inciso XLV.

Havendo acordo entre a vítima e o autor do delito, através da composição amigável, a vítima não poderia exercer a vingança privada nem cobrar do infrator a multa, mas sim cobrar deste a reparação pelos danos. Tal disposição do Direito Romano foi transferida também para o Direito Brasileiro, denominado como "execução forçada", prevista no Código de Processo Civil, em seus arts. 566 e seguintes.

No Direito Romano, o delito cometido por vários autores faz nascer a obrigação de pagar a multa a cada um deles em separado. Nesta disposição, nasce a solidariedade entre os autores do delito, também trazida ao ordenamento jurídico nacional no Código Civil, no art. 896.

No Direito Romano, quando ocorria a *capitis dominutio*, ou seja, quando o patrimônio do devedor não era suficiente para o pagamento da soma indenizatória, este fato não fazia desaparecer a obrigação e tinha uma consequência drástica: o *corpus* do devedor passava a responder pela dívida; tornava-se ele escravo de seu credor. No Brasil, tal disposição não foi acolhida, uma vez que no direito pátrio o que opera é a responsabilidade patrimonial, isto é, ocorrendo um dano, o patrimônio do devedor é que deve suportar o adimplemento da obrigação.

1.1.4. Influência na legislação pátria

Talvez alguns discutam a propriedade do estudo do Direito Romano, usando como tese defensiva que este estudo não teria nenhuma influência na prática forense atual.

Todavia, aos menos desavisados, o nascedouro do direito obrigacional teve como berço esplêndido o Direito Romano, dos quais várias das disposições foram copiadas para a legislação pátria.

A responsabilidade por atos ilícitos está catalogada dentro do ordenamento civil pátrio, no art. 186 do Código Civil, que dispõe que aquele por ação ou omissão voluntária, negligência ou imprudência, violar direito e causar dano a outrem, ainda que exclusivamente moral, comete ato ilícito.

Observe-se, ainda, que comete também ato ilícito, quando o titular de um direito, excedendo a sua utilização, extrapola os limites impostos pelo fim econômico, ou pelo fim social, pela boa-fé, ou pelos costumes, de acordo com o art. 187 do Código Civil.

Tal dispositivo nasce igualmente do Direito Romano, mais precisamente na *Lex Aquilia de Damno*, onde se impunha ao infrator o dever de indenizar no caso de ocorrência de ato que provocasse diminuição do patrimônio do ofendido.

Também do Direito Romano foi herdada a idéia da indenização ser a mais completa possível, com o pagamento ao ofendido dos danos materiais, morais, estéticos, dos lucros cessantes e das perdas e danos.

Também no aspecto da legitimação, no Brasil, só podem ajuizar a ação de reparação de danos o ofendido ou seu representante legal e, no caso de morte, este direito passa a seus herdeiros, tratando-se, pois, da legitimação ordinária adotada pelo Código de Processo Civil e pela solidariedade adotada pelo Código Civil.

A ação criminosa pode originar-se, também, de um ato ilícito, contrário aos ditames do Direito Penal. Neste caso, a legislação brasileira admite a representação do ofendido pelo Ministério Público, através da *actio civilis ex delicto,* também advinda do Direito Romano.

A idéia da reparação dos danos vem de forma louvável, sendo prestigiada pelos ordenamentos jurídicos atuais. A reparação do dano pelo ofendido, dada as disposições da Lei 9.099/95, não permite à vítima que foi ressarcida promover a representação e punir criminalmente o agente, tratando-se, pois, de uma cópia da composição voluntária do delito.

Outro aspecto a ser destacado é que, no Brasil, também como acontecia no Direito Romano, permite-se a prisão do devedor, quando este não consegue suportar, com seu patrimônio, algumas obrigações patrimoniais.

Como regra geral e princípio constitucional, não se permite a prisão civil por dívida. No entanto, em algumas hipóteses, a prisão do devedor é decretada em dois casos concretos: no primeiro, quando o devedor deixa de pagar alimentos a quem de direito e, no segundo caso, quando se trata do depositário infiel.

Sobre a pena de morte, o legislador brasileiro bem andou em expurgá-la do direito nacional. Não se concebe a morte como ato retributivo a um ilícito penal por mais reprovável que seja a conduta do agente. Esse caráter reprovador já vinha sendo combatido por Cesare Beccaria, em seu magnífico livro "Dos Delitos e das Penas".

Todavia, resta, em nossa legislação, um resquício do Direito Romano em que se permite a pena de morte. Esta previsão legal vem inserida na Constituição Federal, nos casos de guerra declarada (art. 5º XLVII, "a" da CF/88) e com previsão no Código Penal Militar que permite a aplicação da pena capital e nos delitos capitulados como crime de traição (art. 355), de favorecer o inimigo (art. 356) e de tentativa contra a soberania nacional (art. 357).

2. DA RESPONSABILIDADE CIVIL

2.1. Conceito de responsabilidade

Muitas vezes um ato praticado pode causar prejuízo a terceiros, nascendo deste ato ou fato a responsabilização do agente. O agente causador deste ato, além do dever moral, tem a responsabilidade de indenizar os prejuízos a que deu causa, por dolo ou culpa. Neste fato, encontramos o âmago do cerne da questão da responsabilidade civil.

Responsabilidade pode ser conceituada como sendo:

[...]a situação de quem, tendo violado norma qualquer se vê exposto às conseqüências desagradáveis dessa violação, traduzidas em medidas que a autoridade encarregada de velar pela observação do preceito que lhe imponha, providências essas que podem, ou não, estar previstas.(MARTON apud DIAS, 1954, p.07.)

Podemos caracterizar a responsabilidade em dois campos. A responsabilidade legal, que decorre de violação de preceito legal com a imposição de pena, e a obrigação de ordem moral, decorrente de preceitos de ordem religiosa, exigindo inclusive o sacrifício de si próprio, caracterizado por Kant, como *"tu deves"*, conforme Milton Duarte Segurado (1979, p. 159).

A diferenciação que faz entre a obrigação jurídica e a obrigação moral, citando Milton Duarte Segurado, que, em perfeito exemplo, caracteriza a obrigação moral e a obrigação jurídica da seguinte maneira:

> *[...] é de que na primeira o dever jurídico é de socorrer, sem risco pessoal, só criança, inválido, ferido, desamparado, em perigo... **se** você também não corre perigo. O Direito não obriga ninguém a sacrificar-se; pelo contrário, manda defender a vida, justificando o estado de necessidade e legítima defesa.*

O imperativo moral é absoluto, categórico: Tu deves! O jurídico é relativo, hipotético: na hipótese de você não se arriscar, se você não comprometer sua integridade física.

A Moral não se limita assim. Exige tudo, inclusive o sacrifício de si próprio: – Tu deves socorrer aquela criança que atravessa a linha de ferro, estando na iminência de ser esmagada pelo próprio trem que vem célere, muito perto. Não hesite: Tu deves! (SEGURADO, 1979, p. 159)

Assim, a diferenciação que se faz é que, na obrigação jurídica, o agente está sujeito a um elemento sancionador decorrente da lei, e na obrigação moral, não há sanção alguma, apenas fica sujeito ao julgamento pelos juízes de sua própria consciência.

2.2. O dever de indenizar

O dever de indenizar decorre da lei, sendo adotado pelo direito pátrio, ficando de lado a obrigação moral.

Muitas vezes existem atos praticados pelos seres humanos que causam prejuízo a terceiros. O dano, que é o resultado lesivo, pode se verificar em duas vertentes: o dano civil – decorrente do descumprimento de normas inerentes ao Direito Civil – e o dano penal – cujo resultado se apura pelo descumprimento, pelo agente, de normas reguladoras do Direito Penal.

A indenização decorre da responsabilidade, que é a obrigação que uma pessoa tem para com outra de reparar o dano causado por fato próprio, por fato de terceiras pessoas ou por fato de coisas que dela dependam.

2.3. Responsabilidade civil e responsabilidade penal

A responsabilidade civil repousa na óptica do descumprimento pelo agente de elementos norteadores de conduta, elencados no Direito Civil, ou seja, uma infração a uma norma de Direito Privado. A reação punitiva ao ato lesivo é a responsabilização do agente com seu patrimônio.

Já a responsabilidade penal decorre de fato diverso, uma vez que esta se caracteriza primordialmente pela infração de normas de conduta, devidamente descritas no direito público e seu ato, além de penetrar na esfera civil, muitas vezes causa perturbação social. A penalidade imposta ao infrator é a pena, não importando se existe prejuízo para a vítima.

Muitas vezes observamos a coexistência, numa mesma conduta, de um ato reflexivo, tanto na norma de Direito Civil, como na órbita do Direito Penal. Há, então, uma interpenetração deste ato em ambas as esferas, causando a reprovabilidade social, tanto com a pena, quanto através do exercício do direito indenizatório.

2.4. Responsabilidade contratual e extracontratual

A responsabilidade civil, como já visto, existe quando ocorre uma infração a uma norma de direito privado.

Essa violação pode ter dois caminhos: o primeiro, surgindo quando o agente descumpre uma determinação contratual, e a segunda, por exclusão, quando o ato lesivo ocorre, quando este não tem como objeto uma estipulação contratual. Estamos no primeiro caso, diante da responsabilidade civil contratual, e no segundo, de forma diversa, da responsabilidade civil extracontratual.

2.5. Responsabilidade objetiva e responsabilidade subjetiva

A responsabilidade objetiva depende, para sua caracterização, da existência de relação de causalidade entre o ato causador do prejuízo com a demonstração de desfalque ou diminuição do patrimônio do ofendido, independentemente de comprovação de dolo ou culpa do agente.

A responsabilidade objetiva não prescinde da apuração da conduta dolosa ou culposa do agente, tendo aplicabilidade contra o Estado, aos prestadores de serviços públicos e no Código de Defesa do Consumidor pelo fato do produto ou do serviço. Atualmente, é efetiva a obrigação objetiva de indenizar do Estado.

Ensina Carlos Roberto Gonçalves (1995, p.18) que *"nos casos de responsabilidade objetiva não se exige prova da culpa para que alguém seja obrigado a reparar o dano. Em alguns casos, ela é presumida por lei. Em outros, é de toda prescindível"*.

A concepção adotada é a da teoria do risco, preconizada por aquele que, através do exercício de uma atividade, cria uma situação de risco para terceiros e este sendo ocasionado, deve ser obrigado a repará-lo, não sendo averiguada a questão da culpa, porque pouco importa se o agente tomou todos os cuidados.

Já a responsabilidade subjetiva tem como elemento caracterizador, de acordo com Sílvio Rodrigues (1989, p.10), *"a prova da culpa do agente causador do dano é indispensável, para que surja o dever de indenizar. A responsabilidade, no caso, é subjetiva, pois depende do comportamento do agente"*.

3. DOS PRESSUPOSTOS DA RESPONSABILIDADE CIVIL

3.1. Ação ou omissão do agente

Um dos pressupostos básicos para que se possa pleitear o direito relativo à indenização por danos causados é o comportamento do agente causador do dano ao qual se busca a indenização.

Normalmente, esta conduta do agente lesivo pode ser conceituada como um ato positivo ou um ato negativo. Na primeira hipótese, estamos diante da ação, e na segunda, estamos frente à omissão, que são pressupostos básicos da responsabilidade civil.

Para Maria Helena Diniz (1989, p. 37), a ação pode ser conceituada como sendo:

[...] elemento constitutivo da responsabilidade vem a ser o ato humano, comissivo ou omissivo, ilícito ou lícito, voluntário e objetivamente imputável, do próprio agente ou de terceiro, ou fato de animal ou coisa inanimada que cause dano a outrem, gerando o dever de satisfazer aos direitos do lesado.

A omissão, para a citada autora (1989, p. 38):

> *[...] deve ser voluntária no sentido de ser controlável pela vontade à qual se imputa o fato, de sorte que excluídos estarão os atos praticados sob coação absoluta; em estado de inconsciência, sob o efeito de hipnose, delírio febril, ataque epilético, sonambulismo, ou por provocação de fatos invencíveis como tempestades, incêndios desencadeados por raios, naufrágios, terremotos, inundações, etc.*

Assim, o direito indenizatório repousa sob o manto da ação ou omissão voluntária, em que se caracterize um abuso do direito, de sorte que haja vilipêndio a uma norma legal, social, ou mesmo a uma norma contratual.

3.2. Culpa do agente

Ressalvada a responsabilidade civil objetiva em que não se perquire ou investigue o comportamento do agente dentro da esfera da culpa, na responsabilidade subjetiva, a perquirição do elemento volitivo culposo transforma-se em *conditio sine qua non* para as garantias do direito indenizatório e da fixação da quantia a ser ressarcida para recomposição do patrimônio do lesado.

Culpa deve ser entendida, conforme Marcel Planiol, como uma *infração de uma obrigação preexistente, de que a lei ordena a reparação quando causou o dano a outrem".*

Para Aguiar Dias (1954, p. 65), a culpa é falta de diligência, na observância na norma de conduta, isto é, *"o desprezo, por parte do agente, do esforço necessário para observá-la, com resultado não objetivado, mas previsível, desde que o agente se detivesse na consideração das conseqüências eventuais da sua atitude".*

Adverte Carlos Roberto Gonçalves (1995, p. 10) que:

> *[...]o previsível da culpa se mede pelo grau de atenção exigível do* homo medius. *A* obrigatio ad diligentiam *é aferida pelo padrão médio de comportamento, um grau de diligência considerado normal, de acordo com a sensibilidade ético-social. Impossível, pois, estabelecer um critério apriorístico válido. Na verdade, a culpa não se presume e deve ser apurada no exame de cada caso concreto.*

3.3. Nexo de causalidade

Para que exista a obrigação de indenizar, necessário se faz que entre a conduta do agente provocador e o resultado lesivo exista uma ligação ou um liame. A esta ligação é que se denomina como nexo de causalidade.

Nexo causal é o entrelaçamento entre conduta e dano, ou seja, sendo certo que dano é o resultado lógico obtido com a ação do agente com os prejuízos causados. É a linha tênue que liga a autoria do ato danoso com o resultado provocador do dano.

O nexo causal traduz-se pela *conditio sine qua non*, ou seja, a condição ou o termo sem o qual se torna impossível qualificar juridicamente a ação ou omissão.

Relação de causalidade, segundo Carlos Roberto Gonçalves (1995: 27), no âmbito do Direito Civil, é:

> *[...] a relação de causa e efeito entre a ação ou omissão do agente e o dano verificado. Vem expressa no verbo "causar" utilizado no art. 159 do Código Civil. Sem ela não existe obrigação de indenizar. Se houve o dano, mas sua causa não está relacionada com o comportamento do agente, inexiste a relação de causalidade e, também, a obrigação de indenizar.*

Assim, só haverá direito indenizatório por danos causados se se provar que o dano ocorreu pela conduta do réu, ausente qualquer causa de exclusão da ilicitude.[1]

O nexo causal não é jurídico, tem nascedouro nas leis naturais. Trata-se, como lembra Sérgio Cavalieri Filho (1997: 48), do "vínculo, ligação ou relação de causa e efeito entre a conduta e o resultado".

Interesse é o exemplo do motorista que está dirigindo seu veículo de forma correta, e a vítima, querendo suicidar-se, atira-se sobre as rodas do veículo. Neste caso, não há que se falar em responsabilidade civil do motorista, pois este foi mero instrumento da vontade da vítima, essa, sim, responsável pelo evento.

---

[1] Neste sentido, conforme ensina Sérgio Cavalieri Filho (**Programa de Responsabilidade Civil**), São Paulo: 1997, p. 48, "[...] só há dever de indenizar onde houver dano. Ninguém, entretanto, pode responder por um dano a quem não tenha dado causa. Vale dizer, não basta a mera coincidência entre a falta e o dano para que tenha lugar o dever de indenizar. É necessário que o ato ilícito seja a causa do dano, que o prejuízo sofrido pela vítima seja resultado desse ato, sem o que o responsável não correrá a cargo do autor material do fato. Daí a relevância do nexo causal. Cuida-se, então, de saber quando um determinado resultado é imputável ao agente; que relação deve existir entre o dano e o fato para que este, sob a óptica do Direito, possa ser considerado causa daquele".

3.4. O dano experimentado pela vítima

Muitas vezes atos são praticados pelo agente com a finalidade de causar prejuízo a outrem. Todavia, em muitas hipóteses, o resultado lesivo não se concretiza, apesar dos esforços do agente para a consecução de sua finalidade.

Neste ponto, dentro da órbita do Direito Civil, ao contrário da esfera penal, não há previsão legal, por parte do legislador, para punir a tentativa de dano. Exige-se a certeza do prejuízo.

Para que ocorra a indenização, necessário se faz que haja o dano ou o prejuízo. Caracterizam-se ambos em uma diminuição do patrimônio do lesado, de forma que haja desfalque nos bens ou direitos adquiridos antes do evento lesivo, que se viram diminuídos ou excluídos por ato do agente.

Nesta esfera, temos o dano material, o dano estético, o dano moral, cuja análise será feita no momento oportuno.

4. DA CULPA

4.1. Conceito de culpa

Para existir o direito indenizatório, necessário se faz ocorrer a culpa e que o ato seja ilícito. Nas palavras de Milton Duarte Segurado (1979: pp. 100-101):

> [...]o ato lícito situa-se no campo das pretensões garantidas pelo Direito, dos atos que o Direito irá garantir mesmo que seus efeitos se realizem daqui a um século. É o ato jurídico, definido no art. 81 do Código Civil como todo o ato **lícito** que tenha por fim imediato adquirir, resguardar, transferir, modificar ou extinguir direitos. Por outro lado, ilícito é o campo das responsabilidades sancionadas pelo Direito; zona em que o ato é punido. Poder ser ilícito civil ou penal. O ilícito refere-se ao direito privado e o penal. O ilícito civil refere-se ao direito privado e o penal ao direito público: é o delito criminal ou crime, doloso ou culposo. Quando se diz simplesmente ilícito, subentende-se o ilícito civil, eis que quando se trata de ilícito penal dir-se-á delito.

A culpa no Direito Civil é a denominada culpa *latu sensu*, ou seja, aquela que engloba, em seu âmago, tanto o dolo – vontade dirigida a uma finalidade específica, no qual predomina o elemento volitivo da vontade –, quanto à culpa – quando o agente der causa ao ato lesivo por negligência, imprudência ou imperícia, sem intenção de praticar o ato – diferenciando-se, assim, do Direito Penal em que há dicotomia entre conduta dolosa e conduta culposa, aplicando sanções diferentes para uma ou para outra.

Segundo Ruy Stoco (1997, p. 56):

> *[...] a conduta reprovável, por sua parte, compreende duas projeções: o dolo, no qual se identifica a vontade direta de prejudicar, configura a culpa no sentido amplo; e a simples negligência* (negligentia, imprudentia, ignavia) *em relação ao direito alheio, que vem a ser culpa, no sentido restrito e rigorosamente técnico. Numa noção prática, já o dissemos, a culpa representa em relação ao domínio que é considerada, situação contrária ao estado de graça, que, na linguagem teológica se atribui à alma isenta de pecado. A culpa, uma vez que se configura, pode ser produtiva de resultado danoso ou inócuo. Quando tem conseqüência, isto é, quando passa do plano puramente moral para a execução material esta se apresenta sob a forma de ato ilícito. Este por sua vez, pode ou não produzir efeito material, o dano. À responsabilidade civil só este resultado interessa, vale dizer, só com a repercussão do ato ilícito no patrimônio de outrem é que se concretiza a responsabilidade civil e entra a funcionar o seu mecanismo.*

4.2. A culpa no cível e no crime

No campo do Direito Penal, há de se perquirir o dolo, quando o agente quis (voluntariamente) o resultado (crime) ou assumiu o risco de produzi-lo e a culpa do agente, não havendo compensação de culpas. A responsabilidade penal é mais exigente que a responsabilidade civil, na qual emerge em face do ato frustrado, tentativa mesmo sem o efeito danoso incidir nas sanções. Na responsabilidade civil, a tentativa de dano não é punida, uma vez que o dano é condição essencial para o exercício do direito indenizatório.

No campo do Direito Civil, além de se perquirir a existência do dolo, investiga-se também a questão da culpa quando o agente deu causa por negligência, imprudência ou imperícia ou assumiu o risco de produzir o resultado.

Na investigação das modalidades da culpa direta, em que é causador do ato o próprio sujeito, citando Damásio Evangelista de Jesus (1991, p. 257), podemos dizer que *"a imprudência é a prática de um fato perigoso"; "a negligência é a ausência de precaução ou indiferença em relação ao ato realizado"; e "a imperícia é a falta de aptidão para o exercício de arte ou profissão"*.

A imprudência é positiva *(in comittendo)*, pois o sujeito realiza uma conduta, enquanto a negligência é sempre negativa *(in omittendo)*, caracterizada quando o sujeito deixa de fazer algo imposto pela ordem jurídica. Entretanto, nem sempre é fácil fazer a distinção. Na conduta de quem dirige veículo em más condições de funcionamento, em que a negligência residiria na inobservância no dever de consertá-lo antes, também está presente a imprudência de dirigi-lo naquelas circunstâncias.

Daí porque Damásio (1991, p. 257) afirma que correta é a observação de Basileu Garcia *"de que a rigor a palavra negligência seria suficiente para ministrar todo o substrato da culpa, incluindo a imprudência e a imperícia"*.[2]

4.3. A culpa de terceiro

Distinguem-se, ainda, outras modalidades de culpa indireta, em que o sujeito, a par de não ser o causador direto do dano, é por ele responsável. Assim, na doutrina, encontram-se as seguintes modalidades: culpa *in eligendo*, culpa *in vigilando*, culpa *in custodiendo*.

A culpa *in eligendo* é oriunda da má escolha do representante ou do preposto; *in vigilando* é a modalidade culposa que promana de ausência de fiscalização por parte do patrão, quer relativamente aos seus empregados, quer no tocante à própria coisa; *in custodiendo* é a culpa pela falta de cautela ou

---

[2] A imperícia, ainda seguindo os ensinamentos de Damásio Evangelista de Jesus (1991, p. 259), é "[...]a falta de aptidão para o exercício de arte ou profissão. O químico, o eletricista, o motorista, o médico, o engenheiro, o farmacêutico, etc., necessitam de aptidão teórica e prática para o exercício de suas atividades. É possível que, em face de ausência de conhecimento técnico ou de prática, essas pessoas, no desempenho de suas atividades, venham a causar dano a interesses jurídicos de terceiros. Fala-se, então, em imperícia".

atenção, em torno de alguma pessoa, de algum animal ou de algum objeto, sob cuidados do agente, segundo Washington de Barros Monteiro.

4.4. Graus da culpa

Além das modalidades de culpa, que também são capazes de gerar o dever de indenizar, a doutrina também menciona os graus deste instituto jurídico que, em termos de direito privado, teriam o condão de auxiliar o julgador na fixação do *quantum debeatur.* Fala-se, então, em culpa grave, leve e levíssima. Mister ressaltar que esta distinção não tem influência no campo penal, havendo responsabilidade independentemente do grau de culpa.

Culpa grave é a falta com intenção dolosa ou por negligência imprópria ao comum dos homens; culpa leve é a falta evitável com atenção ordinária, exigida do *hommo medius*; e a culpa levíssima é a falta só evitável com atenção extraordinária ou por especial habilidade e conhecimento singular exigidos dos homens *aux cent yeux,* aqueles homens que, por razões próprias, são considerados em patamar superior ao critério mediano.

Neste passo, vale ressaltar o exemplo didático do menino e do frasco de veneno. A culpa levíssima se caracterizaria no caso de o menino escalar o armário e pegar o frasco de veneno que se encontra sobre o móvel; a culpa leve estaria presente se o frasco estivesse dentro do armário com suas portas fechadas, mas ao alcance do menino; e a culpa grave, no mesmo exemplo, se o frasco estivesse no chão ao alcance e à vista do infante.

Além do ato ilícito – caracterizado pela culpa ou pelo dolo, ou seja, por ato contrário à lei[3] – para que ocorra o dever de indenizar, necessário se faz que ocorra, no caso, o nexo de causalidade, isto é, a relação do dano com o ato ilícito.

A responsabilidade civil pode surgir do descumprimento de uma relação jurídica contratual ou de uma relação jurídica extracontratual.

Há distinção entre ambas, porque na primeira espécie existe entre as partes um vínculo contratual preexistente, consoante disposto no art. 1.056 do Código Civil,

---

[3] Salvo em casos de responsabilidade objetiva, em que não se perquire acerca da culpa ou do dolo (v. art. 15 do Código Civil e art. 37, § 6º, da Constituição Federal), o dever de indenizar nasce apenas do fato, do dano causado por ele e da relação de causalidade entre este dano e aquele fato.

enquanto, na segunda, o que gera a responsabilidade civil é o ato ilícito previsto no art. 186 do Código Civil.

Distingue-se a responsabilidade civil da responsabilidade criminal, haja vista que a pena aplicada no âmbito do processo penal é de natureza privativa de liberdade, restritiva de direitos ou pecuniária, mas jamais podendo passar da pessoa do réu; no âmbito civil, a sanção é de natureza patrimonial, desfalcando o patrimônio do devedor, podendo estender-se, inclusive, aos seus descendentes.

Para que exista a responsabilização patrimonial do agente é necessário que exista um descumprimento de dever genérico, que o agente possua capacidade civil, que exista o dolo ou a culpa e que haja nexo de causalidade entre o fato e o dano experimentado pela vítima.

Dentro do ordenamento jurídico pátrio, para efeitos de indenização, o dolo e a culpa devem ser provados e são levados em conta para o efeito de estipular o *quantum* indenizatório. Assim, o agente que causa dolosamente prejuízo a outrem terá exacerbado o *quantum* indenizatório, num patamar muito acima daquele agente que agiu com culpa levíssima.

5. DO NEXO DE CAUSALIDADE

5.1. Noções gerais

Muitas vezes ocorrem atos exteriores que causam dano à pessoa, como desfalque em seu patrimônio. Todavia, estes atos, por sua natureza, às vezes, não exigem do agente o ressarcimento pelos danos causados, dentre eles podemos catalogar a culpa exclusiva da vítima, a culpa concorrente, o fato de terceiro, o caso fortuito, a força maior e a cláusula de não indenizar.

5.2. A culpa exclusiva da vítima

A culpa exclusiva da vítima como causa excludente da responsabilidade civil teve origem no Direito Romano, segundo o qual preceituava *"quo quis ex culpa sua damnum sentit, non intelligitur damnum sentire"*.

Obviamente que, se a própria vítima faz eclodir um ato, não pode ela querer beneficiar-se deste com a finalidade de obter valor indenizatório, haja vista que ninguém pode beneficiar-se de sua própria incúria.

A conduta da vítima, como fato gerador do dano, elide a causalidade, excluindo, destarte, a responsabilidade do agente.

Assim, o problema, como se viu, desloca-se para o terreno do nexo causal e não da culpa, conforme Carlos Roberto Gonçalves (1995, p. 63), *"[...] Direito italiano fala em relevância do comportamento da vítima que represente o fato decisivo do evento"*. Washington de Barros Monteiro (1986) afirma que o nexo desaparece ou se interrompe quando o procedimento da vítima é a causa única do evento (*qui sua culpa damnum sentit, damnum sentire non videtur*).

Quando se verifica a culpa exclusiva da vítima, incorre indenização. Entende Sílvio Rodrigues (1989, p. 178) que a responsabilidade *"inexiste, por definição, culpa do agente causador do dano e obviamente não há relação de causa e efeito entre o ato culposo deste e o prejuízo, pois, repetindo de acordo com a própria hipótese e por definição, a culpa foi da vítima e não do agente que deu causa ao prejuízo"*.

A conduta da vítima causadora do dano retira a responsabilidade civil por falta do nexo de causalidade, uma vez que a conduta do agente não foi a mola propulsora do ato ilícito.

Na mesma esteira de raciocínio, temos a definição de Aguiar Dias (1954, p. 313) na qual *"admite-se como causa de isenção de responsabilidade o que se chama de culpa exclusiva da vítima. Com isso, na realidade, se alude ao ato ou fato exclusivo da vítima, pelo qual fica eliminada a causalidade em relação ao terceiro interveniente no ato danoso"*.

Temos como exemplos: a mão da vítima que se fere em um instrumento cortante; a pessoa embriagada que atravessa rodovia em que existem veículos que trafegam em alta velocidade; a pessoa que deseja suicidar-se e atira-se propositadamente embaixo das rodas de um caminhão; etc. Todos estes atos são caracterizados como culpa da vítima, pois eles são dolorosos e derivaram da culpa com que agiu a pessoa atingida.

5.3. A culpa concorrente

Denomina-se culpa concorrente quando a vítima, sem ter sido a única responsável, concorreu para a ocorrência do resultado lesivo.

Assim, para apurar-se a responsabilidade, deve se levar em conta a parte que a vítima contribuiu para o evento e, na liquidação do dano, calcular-se, na proporcionalidade, a participação de cada uma, reduzindo-se, via de conseqüência, o *quantum* indenizatório.

A culpa da vítima influi de forma gigantesca no julgamento, haja vista que pode ocorrer a compensação ou a repartição proporcional dos prejuízos.

A culpa concorrente, também chamada de concorrência de causas, sustenta-se no fato de que a vítima concorre com sua conduta para o evento, juntamente com aquele que é apontado como único causador do dano.

Fala-se em culpa concorrente, quando, *"paralelamente à conduta do agente causador do dano, há também conduta culposa da vítima, de modo que o evento danoso decorre do comportamento danoso de ambos. A vítima também concorre para o evento, e não apenas aquele que é apontado como único causador do dano"*, conforme lembra Carlos Roberto Gonçalves (1995, p. 44).

Para Jaime Santos Briz, citado por Caio Mário da Silva Pereira (1996, p. 299), o enfoque é o seguinte: *"o causador do dano e o prejudicado hão de suportar os danos e hão de sofrer seus efeitos na proporção em que hajam contribuído para sua atuação conjunta"*.

Nesta hipótese, se for possível determinar, na estimativa encontrada na situação fática, qual o grau de participação da vítima no evento danoso, cabe ao juiz fixar a proporcionalidade na reparação.

Washington de Barros Monteiro (1971, p. 414), ao analisar a questão, ensina que *"se houver concorrência de culpas, do autor do dano e da vítima, a indenização deve ser reduzida"*.[4]

Cunha Gonçalves, citado por Ruy Stoco (1997, p. 58), afirma que *"a melhor doutrina é a que propõe a partilha dos prejuízos: em partes iguais, se forem iguais as culpas ou não for possível provar o grau de culpabilidade de cada um dos co-autores; em partes proporcionais aos seus graus de culpa, quando estas forem desiguais"*.

Havendo culpa concorrente, a doutrina e jurisprudência recomendam dividir a indenização, não necessariamente pela metade, como querem alguns, mas de forma proporcional ao grau de culpabilidade de cada um.

Neste sentido, valiosa é a lição de Aguiar Dias (1954, p. 314) que diz que *"a culpa da vítima, quando concorre para a produção do dano, influi na indenização, contribuindo para a repartição proporcional dos prejuízos"*.

---

[4] Ainda em Washington de Barros Monteiro (1971, p. 414) ele complementa que "[...]Posto não enunciado expressamente, este princípio é irrecusável no sistema do direito pátrio, constituindo, entre nós, *'jus receptum'*. A jurisprudência consagra, com efeito, a solução do pagamento pela metade no caso de culpa de ambas as partes".

5.4. Caso fortuito e força maior

A obrigação de ressarcimento muitas vezes é exigida contra o agente, mas advém de acontecimentos que escapam ao seu poder, por se filiar a um fator estranho, ocorrendo a isenção da própria obrigação e o resultado da inexigibilidade de reparar o dano.

Maulairé e Aynés enunciaram uma forma genérica para definir a força maior como sendo um acontecimento irresistível, imprevisível e exterior. Para esta corrente, denominada de subjetivista, na força maior inexiste culpa.

Caso fortuito é o acontecimento natural, derivado da força da natureza ou do fato das coisas, como o raio, a inundação, o terremoto e o temporal. Conceituado como *act of man*, de forma que todos os atos que não forem causados pela natureza são os casos fortuitos.

Para Sérgio Cavalieri Filho (1997, p. 65):

> *[...]o caso fortuito se trata de fato imprevisível e, por isto, inevitável. [...] força maior ocorre se o evento for inevitável, ainda que previsível, por se tratar de fato superior às forças do agente, como normalmente são os fatos da Natureza, como as tempestades, enchentes, etc., estaremos em face da força maior, como o próprio nome o diz. É o act of God, no dizer dos ingleses, em relação ao qual o agente nada pode fazer para evitá-lo, ainda que previsível.*

Carlos Roberto Gonçalves (1995, p. 522) distingue o caso fortuito da força maior da seguinte forma: *"o caso fortuito geralmente decorre de fato ou ato alheio à vontade das partes: greve, motim, guerra. Força maior é a derivada de acontecimentos naturais: raio, inundação, terremoto"*.

Os casos fortuitos não são eternos, pois casos que hoje são considerados como fortuitos, com o avançar da tecnologia e da evolução humana, poderão deixar de ser fortuitos, porque, no futuro, a ciência poderá evitá-los e, também, prevê-los.

Caracteriza-se pelo binômio evitabilidade, mas imprevisível, sendo este último o elemento principal do caso fortuito.

Na força maior, diferenciando-se do caso fortuito, pressupõe-se a existência de um elemento humano ou a ação das autoridades (*factum principis*), como ainda a revolução, o furto, o roubo, o assalto ou, noutro gênero, englobando inclusive a desapropriação.

Na força maior, ao reverso do caso fortuito, ocorrem, no dizer de Milton Duarte Segurado (1979, p.130), as denominadas "forças brutais e cegas da natureza" que o homem não pode superar ou interromper, mas tão-somente haver uma precisão sobre sua ocorrência.

A força maior, apesar dos louváveis esforços da ciência, jamais deixará de existir, uma vez que a natureza humana não é comparada à entidade divina, pois somente esta pode controlar as insofismáveis e destrutivas forças da natureza.

Os pressupostos da força maior são dois: a previsibilidade e a inevitabilidade de seu acontecimento.

Tanto no caso fortuito quanto na força maior, estes institutos são caracterizados pela necessidade – aquele fator que obrigatoriamente causa o dano –, pela inevitabilidade – o evento e o resultado danoso não podem ser evitados em seus efeitos – e pela imprevisibilidade – uma vez que pelo agente não há previsão de que possa acontecer um ato que produza um ato danoso – sendo, por isso, elementares do caso fortuito e da força maior.

Entre nós, pelo art. 393 do Código Civil, existe a equiparação legal entre o caso fortuito e a força maior e, havendo a ocorrência de um ou outro, inexiste a obrigação de indenizar. Ainda segundo o mesmo Código, o devedor não responde pelos prejuízos resultantes de caso fortuito ou força maior, se expressamente não se houver por ele se responsabilizado.

6. DAS CAUSAS EXCLUDENTES DA RESPONSABILIDADE CIVIL

Em certos casos pode ocorrer o dano, a ação do agente, o nexo causal; todavia, pode inexistir obrigação do agente causador do ilícito em ressarcir os prejuízos.

Preleciona Maria Helena Diniz (1997, p. 170) que há hipóteses excepcionais que não constituem atos ilícitos, apesar de causarem danos aos direitos de outrem, *"porque o procedimento lesivo do agente, por motivo legítimo estabelecido em lei, não acarreta o dever de indenizar, porque a própria lei lhe retira a qualificação de ilícito"*.

Nosso Código Civil assevera que, em certas situações, não haverá obrigação de indenizar, uma que vez que prevê a existência das chamadas causas excludentes da responsabilidade civil.

Constituem causas excludentes da responsabilidade civil – quer subjetiva, quer objetiva – a culpa exclusiva da vítima, o caso fortuito, a força maior, o estado de necessidade, a legítima defesa, o exercício regular de um direito e o estrito cumprimento do dever legal.

Em primeiro lugar, não haverá responsabilidade civil do causador do dano quando existir a culpa exclusiva da vítima. Assim, quando esta age, por ação ou omissão voluntária, ou por negligência, imprudência ou imperícia, a vítima, por ato seu, der causa ao ato lesivo, não haverá obrigação de indenizar. A vítima, assumindo o risco, faz cessar o nexo causal entre o evento danoso e o prejuízo.

O caso fortuito e a força maior, conforme já foram analisados, acontecimentos estes naturais ou humanos de caráter extraordinário, alheios à vontade das partes, cujos efeitos não se pode evitar ou impedir, igualmente impedem a ocorrência de pleito indenizatório ou ressarcitório.

Todavia, para que o evento possa ser conceituado como caso fortuito ou força maior, deverá ser um acontecimento natural, imprevisível, inevitável e irresistível.

Além disso, exige-se, também, a presença do chamado requisito subjetivo, que se consubstancia na inexistência de culpa. Assim, não pode ter o agente concorrido com sua vontade ou negligência, imprudência ou imperícia para o evento, pois, caso contrário, não será fortuito.

Nestes casos, conforme dispõe o art. 393 do Código Civil, extingue-se a obrigação pela inexistência de responsabilidade.

Já o estado de necessidade exclui a responsabilidade civil. Podemos citar *en passant* que a deterioração ou a destruição da coisa alheia, a fim de remover perigo iminente, não constitui ato ilícito.

Observamos, por oportuno, que o estado de necessidade é um ato lícito. Todavia, devemos considerar que certos atos praticados sob o manto do estado de necessidade podem gerar obrigação de indenizar, quando o perigo for causado por terceiro que responderá pelos prejuízos através de ação regressiva, no caso do autor do dano ter desembolsado quantia referente ao pagamento de indenização.

Interessantes julgados encontramos no caso de motorista que, para não atropelar pequeno infante que surge de *inopino* na frente de seu coletivo, arremessa o ônibus na direção de carro estacionado e vem a ocasionar, no veículo, danos.

Assim, o estado de necessidade consiste na ofensa do direito alheio para remover perigo iminente, quando as circunstâncias o tornarem absolutamente necessário e quando não exceder os limites do indispensável para a remoção do perigo. Neste sentido, temos várias decisões de nossos Tribunais Pátrios.

O exercício regular de um direito, catalogado pelo art. 160 do Código Civil de 1916, também exclui a responsabilidade civil, uma vez que *"se alguém no uso normal do seu direito lesar outrem não terá qualquer responsabilidade pelo dano, por não ser um procedimento ilícito. Só haverá ilicitude se houver abuso do direito ou exercício irregular ou anormal"*, conforme Maria Helena Diniz (1997, p. 171).

O Novo Código Civil (Lei 10.406 de 10 de janeiro de 2002) mantém a regra do ordenamento jurídico anterior, deslocando a referida norma para o art. 188, inciso I, que não se constitui ato ilícito o ato praticado no exercício regular de um direito reconhecido.

O exercício regular de um direito tem fundamento no adágio *qui iure suo utitur nemimem laedit,* qual seja, quem usa de um direito seu não causa dano a ninguém.

Adverte Caio Mário da Silva Pereira (1996, p. 296) que *"o indivíduo, no exercício de seu direito, deve conter-se no âmbito da razoabilidade. Se o excede e, embora o exercendo, causa um mal desnecessário ou injusto, equipara o seu comportamento ao ilícito, e ao invés de excludente de responsabilidade, incide no dever ressarcitório".*

Mister se faz ressaltar que para que se configure a excludente em vértice é necessário que não haja, por parte do agente, exercício abusivo do direito. Configura-se o abuso quando o agente pretende extrair de seu direito, que é legítimo, vantagens que importem em malefício ou prejuízo para outrem.

Se o uso do direito legítimo detém em seu âmago o desejo de prejudicar, essa intenção altera o ato, transformando-o de lícito em ilícito, configurando o abuso do exercício do direito.

Carbonier[5] entende que existe o abuso de direito quando *"o titular o exerce com a finalidade única de prejudicar outrem, sem interesse sério para si mesmo".*

Alex Weill e François Terré[6] assinalam que, na França, *"a jurisprudência subordina a condenação por abuso de direito, à existência de uma intenção de prejudicar ou à má-fé patente".*

O tema do estrito cumprimento do dever legal ganha destaque quando analisamos esta situação, quando se trata da responsabilidade objetiva. Neste caso, muitas vezes, a vítima ajuíza ação contra o Estado e obtém ganho de causa, e, em virtude da presença da excludente, o ente estatal não terá a ação regressiva contra o causador do dano, se este estiver amparado pela excludente em estudo.

Sobre a legítima defesa, considerada pela lei civil como causa de isenção de responsabilidade civil, pela complexidade do tema esta será analisada de forma aprofundada nas páginas seguintes.

---

[5] CARBONIER, **Droit Civil. Les Obrigations,** § 96, p. 337
[6] Alex Weill e François Terré. **Droit Civil, Les Obligations,** Nº 642, p. 652.

7. A LEGÍTIMA DEFESA COMO CAUSA EXCLUDENTE DA RESPONSABILIDADE CIVIL

7.1. Introdução

Os atos jurídicos podem ser lícitos ou ilícitos. Os primeiros não geram responsabilidade civil capaz de causar efeito indenizatório, haja vista estarem eles em total compatibilidade com o ordenamento jurídico.

Já os segundos, como forma repressiva, quando estes atos são praticados em desconformidade com a lei, podem gerar responsabilidade civil, penal e, ainda, como sanção, podem impor ao sujeito sanção pecuniária.

Para Milton Duarte Segurado (1979, pp. 100-101),

*[...] o ato lícito situa-se no campo das pretensões garantidas pelo Direito, dos atos que o Direito irá garantir mesmo que seus efeitos se realizem daqui a um século. É o ato jurídico definido no art. 81 do Código Civil como todo o ato **lícito** que tenha por fim imediato adquirir, resguardar, transferir, modificar ou extinguir direitos. Por outro*

lado, ilícito é o campo das responsabilidades sancionadas pelo Direito; zona em que o ato é punido. Poder ser ilícito civil ou penal. O ilícito refere-se ao direito privado e o penal. O ilícito civil refere-se ao direito privado e o penal ao direito público: é o delito criminal ou crime, doloso ou culposo. Quando se diz simplesmente ilícito, subentende-se o ilícito civil, eis que quando se trata de ilícito penal dir-se-á delito.

No campo do Direito Penal, há de se perquirir o dolo quando o agente quis (voluntariamente) o resultado (crime) ou assumiu o risco de produzi-lo, e a culpa é do agente, não havendo compensação de culpas.

No campo do Direito Civil, além de se perquirir a existência do dolo, investiga-se também a questão da culpa – quando o agente deu causa por negligência, imprudência ou imperícia – ou assumiu o risco de produzir o resultado.

Dolo, na concepção de Júlio Fabbrini Mirabete (1996, p. 174) é a *"vontade destinada à realização do tipo penal. São elementos do dolo, portanto, a consciência do fato (conduta, resultado e nexo causal) e a vontade (elemento volitivo de realizar este ato)"*.

A título de esclarecimento, a doutrina penal ainda divide o dolo em dolo direto e dolo indireto. O dolo direto ocorre e é conceituado quando o agente quer produzir determinado resultado lesivo. Já no dolo indireto ou indeterminado, o conteúdo da vontade do agente é indeterminado, ocorrendo, por exemplo, quando o agente objetiva alcançar dois ou mais resultados.

Fala a doutrina penal, então, na ocorrência do chamado dolo eventual, que em poucas palavras como lembra Mirabete (1996, p.170) *"ocorre quando o agente não quer o resultado, mas prevendo que ele possa ocorrer assume conscientemente o risco de causá-lo"*.

Temos, ainda, o dolo de dano quando o agente quer, objetiva ou assume o risco de causar lesão efetiva a um bem jurídico; o dolo de perigo que ocorre quando o agente apenas deseja a prática de um ato perigoso; e o dolo específico que é a vontade consciente do agente em praticar determinada conduta com um objetivo já determinado.

Já a culpa distingue-se do dolo, justamente, porque, na culpa, os desígnios ou a vontade do agente não estão preordenados para a prática de determinado ato.

Crime culposo, ainda segundo Júlio Fabbrini Mirabete (1996, p.176) *"é a conduta voluntária (ação ou omissão) que produz resultado antijurídico não desejado, mas previsível, e excepcionalmente previsto, que podia, com a devida atenção, ser evitado"*.

Divide-se a culpa em modalidades. Esta pode ocorrer sob a forma de imprudência, negligência ou imperícia.

Imprudência ocorre quando o agente atua com precipitação, afoitamente, sem tomar as cautelas necessárias. A negligência é a inércia psíquica caracterizada pela indiferença do agente, que, podendo tomar os cuidados e as cautelas exigíveis em determinada situação, não o faz por displicência ou por preguiça. Por fim, a imperícia é a falta de conhecimentos teóricos ou práticos no exercício de uma arte ou profissão, não levando o agente em consideração normas de atuação que deveria saber ou que deve saber. Muitas vezes se apresenta sob as vestes de erro profissional.

O Direito Penal ainda sinaliza com as idéias de culpa consciente e culpa inconsciente. Na primeira, culpa consciente, o agente prevê a ocorrência de um resultado lesivo, mas espera evitar seu acontecimento por sua habilidade.

Já na culpa inconsciente, diferentemente, o agente não prevê o resultado previsível, não tendo o agente conhecimento efetivo do perigo que sua conduta provoca para o bem jurídico alheio.

As modalidades de culpa direta, em que o causador do dano é o próprio agente, que atua com imprudência, negligência e imperícia já foi devidamente abordado no Capítulo II desta obra, quando foi realizada a análise dos pressupostos da responsabilidade civil.

A imperícia, ainda seguindo os ensinamentos do ilustre penalista Damásio de Jesus (1991, p. 259), é

> [...] a falta de aptidão para o exercício de arte ou profissão. O químico, o eletricista, o motorista, o médico, o engenheiro, o farmacêutico, etc. necessitam de aptidão teórica e prática para o exercício de suas atividades. É possível que, em face de ausência de conhecimento técnico ou de prática, essas pessoas, no desempenho de suas atividades, venham a causar dano a interesses jurídicos de terceiros. Fala-se, então, em imperícia.

Culpa leve à inobservância da cautela própria e normal de cada homem. Culpa levíssima corresponde à falta que só uma pessoa diligentíssima conseguiria evitar. A culpa grave se aproxima do dolo eventual. Se o agente não assumiu conscientemente o risco de produzir o dano, indesculpavelmente não se preocupou em evitá-lo.

No tocante a culpa indireta, qual seja aquela causada por terceiro, que se configura através da *culpa in vigilando*, *in eligendo* e *in custodiendo*, bem como no tocante a aferição do grau de culpa do agente que se mostra importante para aferição do *quantum* indenizatório, remetemos o leitor para o Capítulo IV desta obra – Da Culpa.

7.1.1. Da exclusão da ilicitude

Existem certos casos previstos expressamente na legislação pátria, em que a lesão a direito alheia pode ser considerada lícita, justificada pelo motivo de que a lesão ou prejuízo se justifica por motivo legítimo.

É o que expressamente dispõe o art. 188 do Código Civil, *in verbis*: Art. 188. *Não constituem atos ilícitos: I - os praticados em legítima defesa ou no exercício regular de um direito reconhecido; [...].*

Neste diapasão, Maria Helena Diniz (1997, p.170) afirma que *"são hipóteses excepcionais que não constituem atos ilícitos apesar de causarem danos aos direitos de outrem"*, isto porque o procedimento lesivo do agente, por motivo legítimo estabelecido em lei, não acarreta o dever de indenizar, porque a própria norma jurídica lhe retira a qualificação de ilícito. Assim, ante ao artigo *sub examine*, não são ilícitos: a legítima defesa, o exercício regular de um direito e o estado de necessidade.

Assim, o exercício pelo agente do instituto da legítima defesa, desde que o agente aja com o uso moderado dos meios que dispõe, repele injusta agressão, atual ou iminente, defendendo direito seu ou de outrem, fica excluída sua responsabilidade de indenizar o prejuízo causado.

Hoje, a presente questão da responsabilidade civil tem contornos de antecipação da sentença condenatória: isto acontece nos Juizados Especiais Criminais, criados pelo advento da Lei 9.099/95, em que seu art. 62 dispõe que uma das finalidades essenciais deste Juizado é o de promover a reparação dos danos sofridos pela vítima e, como contraprestação a isto, o acordo homologado acarreta a renúncia ao direito de queixa ou de representação, através do instituto processual da transação penal. Vide a respeito art. 63 e parágrafo único do art. 73 da Lei 9.099/95.

7. 1.2. Legítima defesa: esboço histórico

O direito à repulsa, ou seja, a uma defesa legítima é um instinto natural de todo ser humano. Uma força desconhecida o faz repelir a agressão no momento em que esta se desencadeia.

Não há registro, nos povos primitivos, da positivação jurídica do instituto da defesa legítima, todavia, é inegável que, por aspectos biológicos, até mesmo os animais possuem o instinto de defesa, quando ele ou sua prole estão em perigo ou se vêem ameaçados.

O Código de Hamurabi – um conjunto de leis já remoto e bem antigo – já previa a possibilidade da legítima defesa, principalmente quando a agressão se voltava contra o patrimônio, permitindo, inclusive, que se tirasse a vida daquele que se apropriasse dos bens alheios.

Interessante é o caso da legítima defesa no Código de Hamurabi, quando ofendida a honra de alguém. Era expresso que *"se alguém violasse mulher que ainda não tivesse conhecido um homem, que vivesse na casa paterna e tivesse contato com ela, sendo assim surpreendido, este alguém deveria ser morto e a mulher iria livre"*.

Em caso de adultério, a resposta dada pelo Código de Hamurabi era ainda mais severa, *"encontrada a esposa deitada com outrem, podem os dois ser amarrados e atirados dentro da água, ressalvado ao marido traído o direito de perdoar o erro da mulher e ao rei de salvar a vida de seu súdito"*.

Previsto no ordenamento supracitado, era disciplinado da seguinte forma: *iure naturali hoc evenit ut quod quisque ob tutelam corporis sui fecerit, iure fecisse existimetur.*[7]

As Ordenações somente tutelavam a legítima defesa quando o homicídio era praticado em defesa própria, isentando o réu de pena.

O Código Imperial considerava também a existência da legítima defesa, em seu art. 14, e tutelava o direito defensivo da vítima em relação a sua própria pessoa ou ainda em defesa de seus familiares.

O Código da era Republicana, nosso primeiro ordenamento jurídico penal, regido pelo Decreto 847 de 11 de outubro de 1890, tutelava todos os direitos passíveis de lesao, considerava a legítima defesa como causa excludente do crime e isentava de pena quem praticasse o fato em defesa própria ou de terceiro.

O Código Penal de 1890 aceitou, além da legítima defesa anterior, a legítima defesa presumida, mormente no caso de repulsa de ato ilícito de quem penetrava a noite em casa de terceiro, nos pátios ou dependências dela, se fechadas, bem como tutelava reação à resistência justificada do agente a ordens manifestamente ilegais.

---

[7] "Por este direito natural resulta que aquilo que cada um fizer em defesa de seu corpo considera-se ter procedido com razão."

O Decreto-Lei 2.848, de 07 de dezembro de 1940, que instituiu o Código Penal, manteve a legítima defesa nos moldes hoje aqui considerados.

7.1.3. Legítima defesa: considerações gerais

O instinto de preservação não é privativo dos seres humanos, mas também é encontrado nos animais irracionais, em que o agente age para preservar sua própria vida e sua integridade física.

Na verdade, a reação a uma agressão injusta sempre existiu. Mesmo sem a conotação ou previsão jurídica do instituto, a reação esboçada pelo indivíduo se constituía num direito inalienável.

É traduzida pelo brocardo *vim vis repellere,* que autoriza o agente a repelir a agressão com seu próprio desforço físico.

O instituto da legítima defesa remonta a quase todas as legislações antigas, havendo sido mais estruturado no Direito Romano, Germânico e Canônico.

A legítima defesa é encontrada no Pentateuco (os cinco primeiros livros da Bíblia), nas leis de Sólon, na Lei das XII Tábuas, na Lei Cornélia e no Código Justiniano.

Já sobre o tema, Cícero, em sua famosa obra *"Oração pro Milone"*, *diz* que *"a legítima defesa não tem história porque é uma lei sagrada, que nasceu com o homem, lei anterior aos legistas, à tradição e aos livros, gravada no Código Imortal da Natureza, lei menos estudada que sentida".*[8]

Ainda sobre o tema, Nelson Hungria pregava que (1958, p. 292):

> *[...] ser todo indiferente à legítima defesa a possibilidade de fuga do ofendido. A lei não pode exigir que se leia pela cartilha dos covardes e dos pusilânimes. No mesmo há ressalvar o chamado* commodus discessus, *isto é, o afastamento discreto, fácil, não indecoroso. Ainda quando tal conduta traga generosidade para com o agressor ou simples prudência do agredido, há abdicação em face da injustiça e contribuição para maior audácia ou prepotência do agressor. Embora não seja nenhum dever jurídico, a legítima defesa é um dever moral ou político que, a nenhum pretexto, deve deixar de ser estimulado pelo direito positivo.*

---

[8] RT 589/285, RJTJSP 89/359.

O próprio instituto da legítima defesa é reconhecido pela Igreja Católica, bem como por todas as religiões e especialmente pela Bíblia[9], conforme se vê em Deuteronômio 20 - versículos 12-13, que ditava as regras de conduta acerca dos Dez Mandamentos aos hebreus, numa exegese da passagem do Velho Testamento.

O direito de preservação, contido nos princípios da legítima defesa, é reconhecido, inclusive, pela doutrina espírita, contida no Livro dos Espíritos de Allan Kardec.[10]

O instituto da legítima defesa é reconhecido através dos antigos Códigos da Índia, Grécia e Roma, nos quais era permitido o exercício do direito de defesa pelo cidadão, quando este fosse vilipendiado em sua honra e sua vida.

Em decorrência deste fato, o Direito Canônico tirou do instituto da legítima defesa o caráter de direito, convertendo-o em direito escusável, submetida a penitências religiosas e à existência de fuga do ofendido, embora estatuindo o direito de defesa estendido a terceiros.

Tomou vulto o direito à legítima defesa, quando da Revolução Francesa, onde ficou decidido que no caso do homicídio legítimo, praticado em estado defensivo, não existia crime ou pena.

Entre nós, o nosso Código Criminal de 1830 foi o primeiro latino-americano que inscreveu em seu corpo a excludente *sub examine* e serviu, destarte, como modelo para as demais legislações.

A legítima defesa é a legitimação da autodefesa, entendida como um ato ou um conjunto de atos empregados pelos seres vivos quando se encontram em perigo ou necessidade para se defender de qualquer mal que os ameace ou os atinja, em cumprimento de uma exigência biológica da preservação ou de perpetuação da espécie.

As teorias subjetivas entendem que o instituto da legítima defesa é uma escusa e uma causa excludente da culpabilidade, que é fundada na perturbação do estado psicológico do ânimo da pessoa que sofre uma agressão, conferindo licitude ao ato de quem se defende.

As teorias objetivas entendem que a legítima defesa é um direito e uma causa de exclusão da ilicitude fundamentada na existência de um direito primário de um ser humano se defender, oriundo de uma delegação do ente Estatal. Pressupõe e prega a colisão de bens e de direitos onde o mais valioso deve prevalecer.

---

[9] BÍBLIA. **Velho Testamento: Livro do Deuteronômio**. Versículos 12 e 13: *"12. Porém se ela não fizer paz contigo, mas antes te fizer guerra, então a sitiarás. 13. E o Senhor, teu Deus, a dará na tua mão; e todo o varão que houver nela passará ao fio da espada"*.
[10] Allan Kardec. **Livro dos Espíritos.** São Paulo, 1986, p. 308: *"748. Deus escusa o assassínio em caso de legítima defesa? R. Só a necessidade o pode escusar, mas, se pudermos preservar a nossa vida sem atentar contra a do agressor, é o que devemos fazer"*.

7.1.4. A legítima defesa nos ordenamentos jurídicos estrangeiros

Com a finalidade de ilustrar o presente trabalho, e também para propiciar a comparação entre a legislação brasileira com os demais ordenamentos jurídicos, analisaremos a legítima defesa dentro dos ordenamentos jurídicos de Portugal, Espanha, antiga União da República Socialista Soviética, Itália, Alemanha, França e Argentina, de uma forma resumida, procurando destacar seus pontos principais.

7.1.4.1. A legítima defesa e o Direito Português

Em Portugal, a legítima defesa protege quaisquer direitos, seja do agente ou de terceira pessoa. É o que dispõe o art. 32 do Código Penal Português.

No Direito Português, para fazer uso da legítima defesa, o agente deve repelir injusta agressão ou utilizar a excludente para defender-se de agressão futura. Os requisitos são a atualidade da agressão, a ilicitude da agressão, a necessidade do exercício do direito de defesa e o *animus deffendendi*.

O excesso na legítima defesa, conforme preleciona Manoel Cavaleiro de Ferreira (1986, pp. 99-127), configura crime, todavia, com a pena atenuada. Prega, também, a chamada desculpabilidade do excesso quando o agente pratica o ato por perturbação oriunda de susto ou medo. Referido autor prega que a legítima defesa, dentro do ordenamento jurídico português, é cópia do direito alemão.

7.1.4.2 A legítima defesa dentro do Ordenamento Jurídico Espanhol

Na Espanha, o direito não está em situação de suportar o injusto, razão pela qual a legítima defesa é tratada como causa excludente.

Para sua configuração, conforme ensina Juan Bustos Ramirez (1984, pp. 232- 242), para o exercício da legítima defesa é necessário uma agressão ou ameaça de perigo a um bem jurídico, proveniente de uma ação humana.

A jurisprudência espanhola prega que a legítima defesa somente pode ser efetivada quando a agressão é dolosa, havendo divergências a respeito.[11]

---

[11] Em la doctrina e jurisprudência españolas há predominado la tesis que sólo puede ser agressión dolosa (cfr. Luzón Peña, pp. 173ss, 181, Gómez Benites, p. 69s, Antón Oneca DP., p. 243s TS 8/5/47, 262/ 58; 28/12/64). Pero um gran sector de la doctrina propicia también la possibilidad de incluir la agressión imprudente (Córdoba Roda, Com. I, p. 241s, Cobo Vives, DP IIIm p. 65, Mir Lecc. P.192 s, Magaldi p. 130s).

A conduta pode ser derivada de uma ação ou omissão. Pressupõe atualidade ou iminência na agressão e que a agressão seja ilegítima e real, devendo existir um bem jurídico ameaçado.

Os bens de terceiro, se atingidos, e se este terceiro não participou da agressão, como no Brasil, deverão ser ressarcidos ou indenizados no caso de destruição ou de deterioração. Pressupõe o direito espanhol o uso racional dos meios empregados e que não admite, também, que o agente alegue legítima defesa, quando deu causa à agressão.

Pressupõe o *animus deffendendi,* exigindo o aspecto subjetivo de intenção de defesa, permitindo a defesa de terceiros estranhos ou parentes.

7.1.4.3. A legítima defesa na União das Repúblicas Socialistas Soviéticas

Primeiramente é de destacar que, como a antiga União Soviética era um estado totalitário e socialista, todo o ordenamento jurídico girava em torno do Estado.

Na União Soviética não era admitida a legítima defesa e o cidadão russo não podia alegar legítima defesa contra agressões legítimas do Estado, *v.g.,* como a detenção criminal.

Não permite a legislação russa a utilização dos chamados aparatos defensivos ou ofendículos para colocar em risco a integridade física das pessoas, visando proteger o patrimônio. Veda, por igual, o ordenamento russo a legítima defesa contra agressão finda.

Admitida a legítima defesa putativa, mas, neste caso, existe crime punido em sua forma culposa.

Os cidadãos da antiga União Soviética podem utilizar a legítima defesa para a proteção de sua vida, integridade física, direitos da personalidade, integridade sexual, honra e dignidade.

Permite a defesa desses direitos do ofendido ou de terceira pessoa, ressalvando que bens de terceiro que foram atingidos pela agressão terão de ser indenizados, se o terceiro não participou da agressão.

Também não se pode infringir dano mais grave que o necessário para repelir o ataque. O excesso, neste caso, constitui crime, na sua forma culposa. O excesso doloso configura justiça pelas próprias mãos, tratado como delito penal.

Conforme ensina Zdravomíslov, Schneider, Kélina Y Rashkóvskaia (1970, pp.192-209), a legítima defesa protege direitos do estado soviético, interesses sociais, interesses das pessoas e de terceiros. A legítima defesa é prevista no art. 13 do CP da RSFSR.

Ainda, segundo estes autores (1970, p. 194), a legítima defesa é um direito subjetivo da pessoa e um direito autônomo do Estado Russo, fundando-se na luta social contra a criminalidade e agressões contra o Estado Soviético. Visa à manutenção da educação, do respeito, da solidariedade e da ajuda mútua.

Pressupõe a agressão socialmente perigosa, devendo ser atual e real. Agressão socialmente perigosa é o ato contrário à soberania do Estado Russo.

Não constitui ato ilícito o ato praticado pelo Estado Russo em legítima defesa ou estado de necessidade, quando o Estado age para eliminar um perigo mais grave, sacrificando ou fazendo perecer um direito menos grave.

Por fim, não se permite a legítima defesa contra a ação legítima do Estado Soviético.

7.1.4.4. A legítima defesa e o ordenamento jurídico alemão

O §32 inciso II do Código Penal Alemão estatui que a legítima defesa é necessária para fazer frente a uma agressão antijurídica, atual, contra si ou contra terceira pessoa. Prevê uma combinação entre interesses individuais e interesses comunitários.

Conforme preleciona Reinhart Maurach (1994, pp. 434- 463), a legítima defesa, no ordenamento jurídico alemão pressupõe a agressão ou uma lesão a um interesse juridicamente protegido, com o intuito manifesto de lesar por parte do agressor.

Todo o interesse juridicamente reconhecido pode ser objeto de reação através de legítima defesa, devendo a agressão ser atual.

Pressupõe o legislador alemão que o defendente tenha intenção de se defender, fundada na necessidade de repelir a agressão. Exige a proporcionalidade e adequação no exercício do direito de defesa, asseverando que o defendente escolha o meio defensivo que ocasione o menor dano ao ofensor.

Por fim, o ordenamento jurídico alemão não admite a legítima defesa, depois de o agente provocar, considerando este ato como *actio ilícita na causa* ou abuso do direito, como lembra Reinhart Maurach (1994, p. 451).

Quando o direito de defesa atinge bens de terceiro, quem se defendeu é obrigado a ressarcir o dano. O direito alemão admite a utilização dos ofendículos e a legítima defesa de terceiro.

7.1.4.5. A legítima defesa e o Direito Italiano

O ordenamento jurídico italiano permite a defesa dos direitos de forma preventiva e de forma atual. A legítima defesa, para a lei italiana, é o meio necessário para a salvaguarda do direito, e atribui verdadeira função de polícia ao cidadão quando age na defesa do seu direito. A legítima defesa, na Itália, permite a defesa contra agressões físicas, à propriedade e a sua liberdade.

Para a caracterização da legítima defesa na Itália, adverte Arturo Santoro (1958, pp. 208-217), o perigo deve ser atual, não podendo o defendente ter outro modo de evitar a agressão. O ataque deve ser injusto, não se admitindo, como no Brasil, a alegação de legítima defesa em duelo.

A legítima defesa na Itália se volta contra agressão injusta. Agressão injusta é aquela que contraria a norma jurídica. Permite o direito italiano a defesa de direitos próprios ou de terceiro. Prescinde o defendente da intenção de se defender. A reação deve ser apta a impedir a ofensa, não podendo ser utilizada de forma desproporcional, devendo ser rigorosamente provada.

A legislação italiana permite a utilização de arma pelo oficial público.

Por fim, o Código Civil Italiano de 1942, em seu art. 2.044, preleciona que o agente que age em legítima defesa não é responsável civilmente pelos danos causados em defesa própria ou de terceiro.

7.1.4.6. A legítima defesa e o Direito Francês

O Direito Francês à legítima defesa é uma causa de não imputabilidade e se trata de um fato justificador do ato ilícito.

O Direito Francês, na lição de Gaston Stefani, Georges Levasseur e Bernard Bouloc (1997, pp. 304-317) sobre a legítima defesa, admite-a contra as agressões, contra a integridade física ou psíquica, contra o pudor e contra a honra. Necessita da presença de uma agressão (mal iminente).

A legítima defesa é admitida para a defesa dos direitos da pessoa e dos bens, desde que a agressão seja atual ou injusta. A apreciação da atualidade é realizada pelo juiz, não sendo admitida contra agressões futuras.

Agressão injusta, para o Direito Francês, é aquela que não é tutelada pelo Direito, não se podendo alegar legítima defesa contra agressão justa (agressão para efetuar prisão, apreensão de pessoas).

Pressupõe o Direito Francês a vontade de defesa e a mensuração. Mensuração é a proporção entre a gravidade e o ataque. Trata-se de uma questão de fato, não sendo autorizado impor ao agressor, mal mais grave que o necessário.

Interessante é que no Direito Francês a legítima defesa se presume, devendo o órgão acusatório provar a sua inexistência, no caso de agressão em período de repouso ou noturno.

Por fim, na França, havendo reconhecimento da legítima defesa, não há que se falar em direito indenizatório.

Desde tempos remotos, a França prestigia, em casos de ocorrência de crime, que a vítima tenha direito ao ressarcimento – qual seja o pagamento dos valores relativos ao lucro cessante – bem como o direito à reparação do dano – englobando aqui os valores com o dano moral.

Neste sentido, Gaston Stefani, George Levasseur (1990, p.108) e Bernard Bouloc (1957, p.150) entendem que o prejuízo resultante de uma infração compreende o dano corporal, material ou moral.

7.1.4.7. A legítima defesa e o ordenamento jurídico argentino

No Direito Argentino não há norma que justifique o dano praticado em legítima defesa.

O Direito Argentino permite a legítima defesa da posse (desforço pessoal) em seu art. 2.470 de seu Código Civil, utilizando como fundamento à legítima defesa do Direito Penal Argentino, conforme disposto no Código Penal Argentino, art. 34, § 6º.

Jorge Bustamante Alsina (1998, pp. 162-163) ao comentar sobre o dano justificado, preleciona que, para o reconhecimento da legítima defesa, é necessário a presença de uma agressão injusta, a defesa dos bens materiais ou morais, a proporcionalidade, a necessidade do exercício do direito de defesa, a ausência de provocação. Também, no Direito Argentino, se faz necessária a prova de ataque imprevisível e inevitável.

7.1.4.8. A legítima defesa em nosso ordenamento jurídico

A legítima defesa está presente em nossa legislação penal, consoante disposto nos arts. 23 e 25 do Código Penal.[12]

---

[12] O art. 23 que rege: "Não há crime quando o agente pratica o fato: I - (...) II - em legítima defesa"; e art. 25: "Entende-se em legítima defesa quem, usando moderadamente dos meios necessários, repele injusta agressão, atual ou iminente, a direito seu ou de outrem".

A título de curiosidade, a excludente da legítima defesa encontra-se presente, também, no Código Penal Militar (Decreto-Lei número 1.001, de 21 de outubro de 1969), em seu art. 44, com a mesma descrição jurídica do Código Penal, em seu art. 25, acima descrito.

O Código Civil também contempla a hipótese da legítima defesa quando trata do desforço imediato, previsto no art. 1.210, § 1º, *in verbis*:

> *Art. 1210 - (omissis).*
>
> *§ 1º. O possuidor turbado ou esbulhado poderá manter-se ou restituir-se por sua própria força, contanto que o faça logo; os atos de defesa ou de desforço não podem ir além do indispensável à manutenção ou restituição da posse.*

Como o ordenamento jurídico penal segue a teoria finalista da ação, necessário se faz que o agente possua, em seu *animus,* a vontade de defender-se, o denominado *animus deffendendi*.

O ato praticado em legítima defesa é licito também na esfera civil.[13]

7.1.5. Elementos caracterizadores da legítima defesa

Não é em qualquer situação que o agente pode se utilizar desta excludente. Necessário se faz que o agente preencha alguns requisitos de ordem objetiva para que possa ser isentado de pena.

Para o estudo mais completo desta excludente, necessário se faz que nos desloquemos ao campo do Direito Penal, onde encontramos mais específica e detalhadamente os requisitos objetivos e subjetivos necessários à sua perfeita caracterização jurídica.

Além do *animus deffendendi,* caracterizada pela vontade inequívoca de o agente defender-se da agressão e o conhecimento da situação de perigo para que haja o reconhecimento da legítima defesa é necessário que, na situação enfrentada pelo agente, estejam presentes os requisitos exigidos pela lei, que são os seguintes:

---

[13] STF, RTJ 83/649.

a) Presença de agressão injusta, atual ou iminente;

b) Proteção a direitos do agredido ou de terceira pessoa;

c) Uso moderado dos meios defensivos;

d) Inevitabilidade da agressão.

A ausência de qualquer dos requisitos acima descritos, exclui a existência da causa excludente da criminalidade.

7.1.6. Presença da agressão atual ou iminente e injusta

Entende-se por agressão toda conduta humana, violenta ou não, que venha a lesar ou somente ameaçar lesar algum direito ou bem juridicamente protegido. Geralmente, compreende o uso de violência; contudo, tem-se entendido como agressão injusta uma omissão ilícita, como, por exemplo, a omissão de um carcereiro em não cumprir um alvará de soltura, a omissão do médico que de forma arbitrária não concede alta ao paciente ou, ainda, quando uma pessoa que, após expulsa da casa pelo legítimo morador, se recusa a abandonar a casa.

Agressão é conceituada como toda a conduta humana que ataca ou coloca em perigo um bem jurídico. Pode, em geral, implicar no uso de violência, mas nem sempre a violência física está presente na agressão, podendo consistir até em omissão ilícita, podendo reagir, inclusive, contra agressão culposa.

Agressão atual é aquela conduta humana que está se desencadeando, iniciando-se, desenvolvendo-se, mas ainda não está concluída. É a agressão presente.

Agressão iminente, ao reverso, é aquela conduta humana que está prestes a ocorrer. É aquela agressão que existe quando se apresenta como um perigo concreto, que não permita demora na repulsa. É aquela agressão que está prestes a ocorrer.

Neste sentido, entende Francisco de Assis Toledo (1991, p. 194), que, conforme exprime um antigo brocardo jurídico, *"ninguém para defender-se está obrigado a esperar até que seja atingido por um golpe. Isso poderá ser fatal. Admite-se, pois, a justa reação defensiva diante de uma agressão iminente"*.

Agressão iminente é aquela que está prestes a ocorrer, um acontecimento presumível, sendo *"sinônimo de perigo concreto de agressão a ser aferido dentro de um quadro de probabilidades reais e não apenas fantasmagóricas"*, conforme Francisco de Assis Toledo (1991, p. 195).

Para caracterizar a agressão, para servir de suporte à alegação de legítima defesa, necessário se faz que ela seja injusta. Agressão injusta é aquela conduta humana não autorizada pelo Direito, nem pelo ordenamento jurídico. Não será injusta quando o suposto ofensor age regularmente. Agressão injusta é aquele ato ou omissão contrário ao ordenamento jurídico.

A propósito disso, cristalina é a lição do mestre Nelson Hungria (1958, p.179), que diz que *"é injusta a agressão desde que seja ameaçado sem causa legal um bem ou interesse jurídico tutelado"*.

Pressupondo a necessidade da injustiça da agressão, impossível é de se admitir a legítima defesa em face de legítima defesa. Tal negativa se dá porque, estando a pessoa a se defender quando injustamente atacada, tem legitimado como lícito seu comportamento como causa de justificação, sendo, assim, sua atitude lícita.

Se o atacante é que se defende desta agressão, não estará diante de uma situação de agressão injusta e, por tal razão, sua ação não é legitimada, uma vez que foi este o provocador do evento danoso.

Quando a agressão parte de pessoa inimputável, é legitimado o direito de defesa, independentemente da consciência da ilicitude por parte do agressor. O que importa, realmente, é a efetividade da agressão, independentemente do agente que a produziu.

Por fim, não se admite a alegação de legítima defesa em agressão pretérita ou agressão futura.[14] É de se mencionar que o ofendido não é obrigado a uma agressão que o fere, nem que fere o ordenamento jurídico e de forma concreta os seus direitos e interesses.

O nosso melhor direito e nossa jurisprudência aconselham que a legítima defesa necessite de prova segura de sua ocorrência, e que se dois agentes alegam a legítima defesa, a melhor solução será a absolvição de ambos, se não provada a circunstância de quem partiu a agressão injusta.

7.1.7. Proteção a direitos do agredido ou de terceiro

Direito próprio ocorre, quando o ofendido é o titular do bem jurídico atingido pela agressão. Direito de terceiro, ao reverso, configura-se quando o bem jurídico que foi alvo de agressão pertence à terceira pessoa, que não o defendente.

---

[14] Bem lembra Magalhães NORONHA. **Direito Penal.** 1999 "[...] *a legítima defesa não se funda no temor de ser agredido, nem no revide de quem já o foi"*.

Todos os direitos pessoais estão amparados pelo instituto da legítima defesa (vida, saúde, integridade física, patrimônio, honra). O entendimento doutrinário é remansoso e fértil, no sentido de que não se faz distinção entre bens pessoais e bens impessoais.

Embora no passado só poderia ser admitida a legítima defesa no caso de ofensa à integridade física ou à vida, modernamente se entende que qualquer direito pode ser preservado pela discriminante, como a honra, o patrimônio. Preserva-se, então, tanto os interesses relativos aos bens materiais quanto aos bens morais.

O sujeito pode defender seu bem jurídico – a denominada legítima defesa própria – ou bem jurídico pertencente a terceiro – a legítima defesa de terceiro –, haja vista que a lei consagra o sentimento da solidariedade humana. Inclui não só os bens particulares de terceiro, permitindo-se também a defesa dos interesses de toda uma coletividade.

Todo o bem jurídico é legitimamente defensável e pode ser legitimamente defendido.[15]

7.1.8. Repulsa da agressão com os meios necessários

Conforme nosso ordenamento jurídico, quando se fala em legítima defesa, nossa legislação faz menção à existência dos meios necessários para repelir a agressão. Meios necessários são aqueles eficazes e suficientes para repelir a agressão.

Para que esteja agasalhado pela excludente em estudo, o agente deve utilizar, na repulsa da agressão, os meios necessários.

Meios necessários são aqueles que causam o menor dano indispensável à defesa do direito. São aqueles meios de que o agente dispõe no momento em que repele a agressão.

Meios necessários são aqueles encontrados à disposição do agente, no momento da agressão, e capazes de repeli-la e que, primordialmente, deve o sujeito agredido fazer uso do meio menos lesivo que encontrar.

Neste passo, é importante destacarmos o entendimento de Damásio Evangelista de Jesus (1991, p. 339) que diz que *"o meio escolhido deixará de ser necessário quando se encontrarem à sua disposição outros meios menos lesivos"*. O sujeito que repele a agressão deve optar pelo meio produtor de menor dano. Se não resta nenhuma alternativa, será necessário o meio empregado.

Outro problema a ser analisado a cerca da legítima defesa é quanto à moderação no uso dos meios necessários para fazer cessar a agressão.

---

[15] JUTACRIM 38/258.

O sujeito que age em legítima defesa deve usar de moderação, ou seja, não exceder no emprego do meio necessário para repelir a agressão. A defesa deve ser sempre proporcional à agressão nos meios e na forma de que o reagente deve agir nos limites da defesa de seu direito ou de outrem, devendo evitar, sempre que possível, impor um mal desnecessário ao seu agressor, sob pena de desfigurar a presença da excludente.

O sujeito deve ser moderado na reação, pois, não pode ultrapassar o necessário para repeli-la. É óbvio que aquele que se defende pela própria condição fática que lhe apresenta, não pode raciocinar friamente e sopesar suas atitudes. Para avaliação do critério de proporcionalidade, necessário se faz avaliar o estado emocional em que o agente defendente se encontra.

No calor de uma contenda, quando os ânimos se exaltam, é muito difícil a mensuração da repulsa. [16]

Existe flagrante desproporção entre a ofensa e a agressão, quando o agente responde com um tiro a um tapa desferido pelo agressor e quando o agente mata uma criança porque esta adentrou ao seu pomar e apanhou algumas frutas.

7.1.9. Inevitabilidade da agressão

Para que presente se encontre no caso o instituto da legítima defesa, mister se faz que, no caso concreto, o agente não possa se desvencilhar do ato agressor sem que exerça o ato defensivo. Assim, conforme ensina Wezel, a ação de defesa é aquela executada com a presença do *animus deffendendi,* no momento em que já se torna impossível ou difícil desvencilhar-se da agressão.

7.2. Modalidades de legítima defesa

O instituto da legítima defesa pode ser encontrado na doutrina e na jurisprudência de várias formas, as quais passamos a enumerar:

---

[16] Neste sentido, o julgado inserto na Revista dos Tribunais 599/327: *"Aquele que se defende não pode raciocinar friamente e pesar, com perfeito e incensurável critério, a proporcionalidade do revide. Inexeqüível seria a defesa se a proporção fosse tomada ou exigida em rigor matemático. Na verdade, no estado em que se encontra, não pode o agressor, salvo a excepcionalidade, dispor de reflexão precisa capaz de ajustar sua defesa em equipolência completa com o ataque".*

a) Legítima defesa recíproca;

b) Legítima defesa putativa;

c) Legítima defesa da honra;

d) Ofendículos.

7.2.1. Legítima defesa recíproca

Trata-se de uma hipótese em que não é possível de se configurar a existência da excludente em estudo, isto porque, pressupondo a existência de uma agressão injusta, um dos agentes estaria agindo em desconformidade com a lei.

Isto ocorre no duelo, quando um ou outro contenedor estará agindo ilicitamente, quando tomar para si a iniciativa da agressão. A questão é incontroversa na doutrina e na jurisprudência pelo não reconhecimento da existência da legítima defesa, quando existe provocação do ato pelo sujeito, e este alega, *a posteriori,* a existência da causa excludente da criminalidade.[17] Não se reconhece a existência da legítima defesa quando o agente provoca o outro sujeito, justamente com a finalidade de desencadear a reação, como pretexto para agressão ilícita. Também não pode argüir a legítima defesa aquele agente que aceita convite para a luta ou duelo.[18]

---

[17] Neste sentido ver TJMG – ACr 000.170.514-4/00 – 2ª C.Crim. – Rel. Des. Herculano Rodrigues – J. 27.04.2000. "TRIBUNAL DO JÚRI – DECISÃO CONTRÁRIA À PROVA DOS AUTOS – LEGÍTIMA DEFESA – RÉU QUE PROVOCA AS VÍTIMAS E, CESSADA A DISCUSSÃO, MUNICIA SUA ARMA E EFETUA DISPAROS CONTRA ELAS – Absolvição sumária do co-denunciado e vítima. Legítima defesa recíproca. Impossibilidade de reconhecimento. Se as provas apontam para o *animus necandi* do réu, que provocou as vítimas e saiu em seu encalço, efetuando disparos de arma de fogo contra elas, o veredicto popular, que acolhe a tese da legítima defesa, afigura-se manifestamente contrário à prova dos autos. Se se reconhece, em sentença transitada em julgado, de absolvição sumária, que um dos contendores agiu em legítima defesa, e há provas de que o réu-apelado iniciou as agressões, não se pode também reconhecer que este tivesse agido em legítima defesa própria, sob pena de se admitir a legítima defesa recíproca, ao arrepio da lei."

[18] TJMS – ACr 66.279-7 – Classe A – XII – Campo Grande – 1ª T.Crim. – Rel. Des. Rui Garcia Dias – J. 10.08.1999 APELAÇÃO CRIMINAL – TENTATIVA DE HOMICÍDIO – CRIME MILITAR – DEFEITO DE TIPIFICAÇÃO – AUSÊNCIA DE PREJUÍZO – ACUSADO QUE SE DEFENDE DOS FATOS NARRADOS NA DENÚNCIA – NULIDADE INEXISTENTE – LEGÍTIMA DEFESA RECÍPROCA – NÃO-OCORRÊNCIA – ACUSADO QUE INICIOU AGRESSÃO INJUSTA – AUTORIA DEMONSTRADA – APENAÇÃO – ERRO ARITMÉTICO NA APLICAÇÃO DA REPRIMENDA – RECONHECIMENTO PARA RETIFICAR O *QUANTUM* – APELO PROVIDO PARCIALMENTE - O simples defeito de tipificação não causa prejuízo ao acusado que se defende dos fatos narrados na denúncia, mormente se durante a instrução processual a defesa não o

7.2.2. Legítima defesa putativa

O erro do agente pode ser causa do nascimento de uma excludente chamada de legítima defesa putativa.

O erro provocador parte do defendente e recai sobre os pressupostos fáticos ou sobre os limites da causa de justificação. Na legítima defesa putativa, em geral, o agente supõe ou imagina estar amparado pela excludente da ilicitude, quando, na verdade, não está pela sua inocorrência.

O que ocorre, na realidade, é que existe uma distorção entre a realidade fática vivida pelo agente e a sua realidade psíquica. Assim, o agente por erro, engano plenamente justificado pelas circunstâncias, julga estar diante de uma agressão injusta, atual ou iminente, e que, em razão dessa agressão imaginária, presume estar autorizado por lei a resistir ao fato.

A essência do tema em análise é a de que o agente, por erro, julga estar diante de uma agressão injusta.

Francisco de Assis Toledo (1991, p. 22) ensina que:

> [...] as discriminantes putativas (erro que recai sobre uma causa de justificação) não se limitam às hipóteses de exclusão do dolo, mas se apresentam, por vezes, compreensão à exclusão da censura da culpabilidade. Considera-se que o erro sobre uma causa de justificação pode recair sobre os pressupostos fáticos dessa mesma causa (supor situação de fato), mas pode também, isto é inegável e aceito em doutrina, recair não sobre os pressupostos fáticos, mas sobre os limites, ou a própria existência da causa de justificação (supor estar autorizado). Isso é possível ocorrer, com nitidez, quando alguém, por exemplo, para defender-se de um tapa no rosto, supõe estar autorizado a desferir um tiro fatal no agressor em legítima defesa, excedendo-se no emprego dos meios necessários. Nessa hipótese e em muitas outras pode não haver equívoco do agente sobre a situação de fato, incidindo seu erro sobre os limites da justificação da legítima defesa.

---

apontou como causa de nulidade. Não há falar em legítima defesa recíproca quando dos autos se constata que o acusado iniciou a agressão, com *animus necandi*, efetuando disparos contra a vítima. Retifica-se a apenação imposta se há erro matemático no cálculo quantitativo.

Já Nelson Hungria (1958, p. 68) destaca que:

[...] dá-se a legítima defesa putativa quando alguém erradamente se julga em face de uma agressão iminente ou atual e injusta e, portanto, legalmente autorizada a reação que empreende. O nosso Código Penal resolve expressamente o caso, ao cuidar, no seu art. 17, do erro facit *chamado essencial ou substancial. Ao invés de equiparar a legítima defesa putativa à legítima defesa autêntica, disciplinando-a entre as causas excludentes de injuridicidade, o Código, acertadamente, deu a solução ao problema na sua sede própria, isto é, no setor das causas excludentes de culpabilidade ou, mais precisamente, ao disciplinar o erro de fato, que é uma causa incondicional de exclusão de dolo e condicional de exclusão da culpa* strictu sensu.

Para a configuração da legítima defesa, necessário se faz a presença de alguns requisitos.

Inicialmente, para sua configuração, é necessária a presença do *animus defendendi*, ou seja, que o agente esteja imbuído da intenção de se defender.

Em segundo lugar, que o agente tenha atuado de forma consciente, supondo de forma errônea a existência de perigo atual. Como na legítima defesa real, o perigo deve se apresentar como uma necessidade de defesa, todavia, deve ser esclarecido que o perigo é imaginário.

Deve ser investigado, também, se a ofensa é erroneamente suposta.

Por fim, quanto à proporcionalidade na utilização dos meios necessários, uma vez que ausente a existência real do perigo, não há como estabelecer uma proporção com o que não existe e o que realmente se supõe.

A legítima defesa nunca pode ser alegada quando existe a realidade do perigo, uma vez que, neste caso, configura-se a legítima defesa real. Quando o sujeito imagina que legitimamente se defende, o elemento subjetivo do dolo em praticar o delito fica excluído.

Tal hipótese acontece quando o agente supõe, por erro, que está sendo agredido, repelindo a suposta agressão. Existe o erro que leva o sujeito à convicção de que está agindo em legítima defesa ou dentro dos limites legais desta justificativa.

Ocorre quando alguém, erroneamente, se julga em face de uma agressão atual e injusta e, portanto, legalmente autorizado à reação. Aquele que não se encontra em situação real de legítima defesa, mas supõe encontrar-se, por erro, desde que a suposição seja razoável, pode ter em seu favor essa causa de exclusão da antijuridicidade.

A legítima defesa é resumida quando o agente supõe encontrar-se diante de agressão injusta, em virtude de erro de tipo ou de proibição, plenamente justificado pelas circunstâncias.

Dentro desta hipótese, não está excluída a antijuridicidade do fato, porque inexiste o pressuposto legal da agressão atual, injusta ou iminente, ocorrendo *in casu* o erro sobre a ilicitude do fato, consoante o disposto no art. 20, §1º do Código Penal.

São exemplos clássicos desta modalidade, citado por Júlio Fabbrini Mirabete (1991, p.180), o do agente que, em rua mal iluminada, se depara com um inimigo que lhe aponta um objeto brilhante e, pensando que está na iminência de uma agressão, lesa o desafeto ou do agente que age para defender sua casa, fazendo disparo contra pessoa que supõe ser um ladrão.[19]

Nossa jurisprudência tem o seguinte exemplo de reconhecimento da legítima defesa quando a vítima trajava roupa semelhante à do agressor.[20]

Necessário se faz ressaltar que, quando o agente se defende putativamente e com este ato vem a ocasionar prejuízo, fica este obrigado a reparar os danos causados, vez que a sentença penal somente autoriza a coisa julgada no cível, quando da ocorrência da legítima defesa real. Assinale-se que:

> *[...] somente a legítima defesa real, e praticada contra o agressor, impede a ação de ressarcimento de danos, nos termos do art. 1.540 do Código Civil. Se o agente, por erro de pontaria* (aberratio ictus) *atingir um terceiro, ficará obrigado a indenizar os danos a este causados. E terá ação regressiva contra o injusto ofensor (GONÇALVES, 1995, p. 502.).*

Quando a legítima defesa for real contra o ofensor, não terá este direito a qualquer direito indenizatório ou reparatório.

Em relação à legítima defesa putativa, todavia, o entendimento é diverso. A legítima defesa putativa não exime o ofensor do dever de indenizar os prejuízos. Como se sabe, esta apenas exclui a culpabilidade e não a antijuridicidade.

---

[19] Neste sentido ver RT 512/315.

[20] HOMICÍDIO - ABSOLVIÇÃO SUMÁRIA - Legítima defesa putativa. Vítima que trajava vestes semelhantes às do agressor atingida em local de pouca visibilidade. Utilização de meio moderado de defesa contra agressão injusta e iminente. Sentença confirmada. Recuso não provido.TJ - 1ª Câm. Crim.; Rec. em Sent. Estr. nº 154.804-3; Rel. Des. Jarbas Mazzoni; j. 10.04.1995; v.u.; ementa. BAASP, 1937/12-e, de 07.02.1996; JTJSP, 173/300, outubro, 1995.

Em primeiro lugar, há o dever de indenizar, uma vez que a legítima defesa putativa não está inserida entre as causas excludentes da culpabilidade, ou mesmo inserida no rol taxativo das dirimentes penais. Em função disso, obriga o autor a reparar os danos causados, uma vez que, como dito, o perigo e a agressão atual só existem na mente do agente e não no mundo dos fatos.

Neste caso, trata-se de erro de fato (a legítima defesa putativa), não é uma excludente real e subsiste o dever indenizatório. Assim, a existência da legítima defesa putativa, como lembra Gonçalves (1995, p. 503), *"não isenta da obrigação de indenizar a vítima do ato antijurídico"*.

Finalmente, ensina Damásio Evangelista de Jesus (1999, p.76) que o *"réu absolvido por legítima defesa putativa: é cabível a ação civil de reparação do dano. A legítima defesa putativa exclui a culpabilidade ou o dolo (CP, art. 20 §§ 1º e 22), subsistindo a ilicitude do fato. Não se aplica, pois, o disposto no art. 65 do CPP"*.

7.2.3. Legítima defesa da honra

O ordenamento sempre salvaguardou a honra, punindo o seu ataque. Isto se justifica pelo fato de que a afronta à honra fere o indivíduo, uma vez que o sentimento derivado da honra é elemento fundamental da construção psicológica interna do ser humano, ou seja, seu direito fundamental à personalidade, sempre tutelado como direito absoluto e inalienável.

Assim, Marcelo Linhares (1980, p.195) leciona que *"se a proteção da vida e da integridade corpórea interessam à existência física do indivíduo, a tutela da honra vai além, objetivando sua proteção de sua existência social e moral"*.

A honra pode ser desmembrada em honra objetiva, quando se refere à reputação do sujeito, e em honra subjetiva, que se subdivide em honra dignidade – que diz respeito aos atributos morais – e em honra-decoro – referente aos atributos físicos e intelectuais do indivíduo.

Primordialmente, as ofensas à honra podem ser caracterizadas como infrações penais de calúnia – *imputação falsa de fato definido como crime*, difamação – *imputação de fato ofensivo a sua reputação* e injúria – *ofensa à dignidade ou de decoro*.

Também existe a legítima defesa da honra em casos de adultério.

Esta escusa também já foi defendida em tempos antigos, quando se defendia a tese de que o marido poderia lavar a sua honra ultrajada pela mulher adúltera, retirando a mácula com o sangue. Nos casos de legítima defesa da honra, anulou-se o julgamento, determinando-se a realização de um novo júri popular, vez que não foi reconhecida pelo Tribunal a excludente referida.[21]

Foi a tese argüida no caso Doca Street, também no caso do pai da atriz Maitê Proença e, recentemente, o caso do jornalista Pimenta Neves, sendo tal justificativa afastada por vasta corrente jurisprudencial.[22]

---

[21] Neste sentido ver BAASP-1976/89, RT 729/610: "ABSOLVIÇÃO SUMÁRIA - LEGÍTIMA DEFESA DA HONRA - INADMISSIBILIDADE - AUSÊNCIA DA DEVIDA COMPROVAÇÃO - VIOLENTA EMOÇÃO E RELEVANTE VALOR MORAL - ELEMENTOS DE PRIVILÉGIO, E NÃO DESCRIMINANTES - Não demonstrada, estreme de dúvida, a ocorrência do instituto da legítima defesa da honra, que exclui a antijuridicidade, correta a decisão que submete o processo à apreciação do juiz natural, o Tribunal do Júri. O relevante valor moral e a violenta emoção são teses que podem conduzir ao reconhecimento do homicídio privilegiado, mas não são descriminantes". Ver também STJ – BAASP-1691/134: "RECURSO ESPECIAL - TRIBUNAL DO JÚRI - DUPLO HOMICÍDIO PRATICADO PELO MARIDO QUE SURPREENDE SUA ESPOSA EM FLAGRANTE ADULTÉRIO. HIPÓTESE EM QUE NÃO SE CONFIGURA LEGÍTIMA DEFESA DA HONRA. DECISÃO QUE SE ANULA POR MANIFESTA CONTRARIEDADE À PROVA DOS AUTOS (ART. 593, § 3º, DO CPP) - Não há ofensa à honra do marido pelo adultério da esposa, desde que não existe essa honra conjugal. Ela é pessoal, própria de cada um dos cônjuges.O marido que mata sua mulher para conservar um falso crédito, na verdade, age em momento de transtorno mental transitório, de acordo com a lição de Himénez de Asúa (El Criminalista, Ed. Zavalia, B. Aires, 1960, T. IV, p. 34), desde que não se comprove ato de deliberada vingança. O adultério não coloca o marido ofendido em estado de legítima defesa, pela sua incompatibilidade com os requisitos do art. 25, do Código Penal. A prova dos autos conduz à autoria e à materialidade do duplo homicídio (mulher e amante), não à pretendida legitimidade da ação delituosa do marido. A lei civil aponta os caminhos da separação e do divórcio. Nada justifica matar a mulher que, ao adulterar, não preservou sua própria honra. Nesta fase do processo não se há de falar em ofensa à soberania do júri, desde que seus veredictos só se tornam invioláveis, quando não há mais possibilidade de apelação. Não é o caso dos autos submetidos, ainda, à regra do art. 593, § 30 do CPP. Recurso provido para cassar a decisão do júri e o acórdão recorrido para sujeitar o réu a novo julgamento".

[22] Neste sentido ver RJTJSP 41/361 "Edgar de Moura Bittencourt, jurista de opiniões manifestamente liberais, doutrina que a quebra do dever de fidelidade da mulher casada constitui, sem dúvida, lesão ao direito do marido. Para a defesa de tal direito, dispõe aquele das ações que a lei lhe confere, inclusive a de dissolução da sociedade conjugal, no Juízo Cível, e a de adultério, no Juízo Criminal. E o eminente juiz, depois de salientar a existência de corrente que pretende ir mais longe, vendo no mau procedimento da mulher uma ofensa à honra do marido, justificando desforço pessoal deste, a excluir a criminalidade dos atentados contra a vida da mulher, acrescenta: 'nada mais falso'. E para justificar a impropriedade daquela assertiva não se precisa negar o direito da legítima defesa da honra. Basta que se invoque um dos elementos que a lei exige para que a defesa se torne legítima - a correspondência e proporção entre a injustiça da agressão e a repulsa do agente. Vale dizer, a moderação. Se a mulher agride a honra do marido com o adultério (admita-se, assim, nessa concepção vulgar de honra), o homicídio que lhe inflige, convenha-se é reação imoderada do mal recebido, é excesso intencional e não simplesmente culposo".

Sepultando qualquer pretensão a respeito, Nelson Hungria (RJTSP, 53/312) ensina que:

> [...]o amor que mata, amor – Nemesis, o amor açougueiro é uma contrafação monstruosa do amor... O passionalismo que vai até o assassínio muito pouco tem a ver com o amor. Efetivamente, não é amor, não é honra ferida, esse complexo de concupiscência e de ódio, de torvo ciúme e estúpida prepotência que os Otelos chamam sentimento de honra, mas que, na realidade, é o mesmo apetite que açula uncia tigris para a caça e a carnagem.

A legítima defesa da honra é admitida ao agente, que, imediatamente, repele ofensa verbal pesada, com leve agressão, mas é totalmente descabida nos casos em que existe o excesso, *"verbi gratia"*, quando o agente responde com seis tiros a uma bofetada levada a cabo pela vítima.

Por fim, adverte Magalhães Noronha (1999, p. 319):

> [...]a honra é um atributo pessoal, próprio e individual. Por que se dizer desonrado o marido que, ao se saber iludido, divorcia-se ou desquita-se? Se ele se porta com dignidade e correção no convívio social, por que será desonrado? E sobretudo por que colocar-se sua honra na conduta abjeta de outra pessoa e, principalmente, numa parte não adequada de seu corpo? Desonrada é a prevaricadora. É absurdo querer que o homem arque com as conseqüências de sua falta. É dizer com Sganarello: elles font la sottise et nous sommes lês sots. Não existe legítima defesa no caso, o que há é na frase brutal, mas verdadeira de Leon Rabinovicz: "orgulho de macho ofendido. Aliás, em regra, esses pseudodefendentes da honra não passam de meros matadores de mulheres: maus esposos e péssimos pais. A opinião generalizada é de não existir legítima defesa da honra em tais casos".

7.2.4. Ofendículos

Em relação ao instituto da legítima defesa, tem sido admitido o uso preventivo de cacos de vidro nos muros, fios de alta-tensão colocados em portões de propriedades e cercas eletrificadas no afã de proteger o direito patrimonial e evitar a ocorrência de furtos.

O crescente avanço tecnológico criou condições para a instalação de aparelhos altamente sofisticados, que podem, inclusive, causar a morte de pessoas.

Muito se critica sobre a utilização desses aparelhos. A crise de nossa economia e de nosso País fez crescer assustadoramente a prática de crimes contra o patrimônio.

Os direitos patrimoniais, como visto, são objetos passíveis de tutela por nosso ordenamento jurídico. Não se admitir a legítima defesa, usando os meios defensivos, instrumentos técnicos de proteção é entender-se desnecessária a presença da atualidade da agressão.

Todavia, o uso desses sofisticados aparelhos encontra obstáculo no fato de que a legítima defesa não pode ser usada contra agressões futuras e imprevisíveis, uma vez que o dono da casa jamais saberá quando sua residência receberá a visita indesejada dos amigos do alheio.

Esses meios pela moderna aplicação da doutrina penal têm-se configurado e se ajustado mais facilmente à figura da excludente do exercício regular do direito.

Muitas vezes são usados certos aparelhos ou dispositivos denominados de *offendicula* nas portas, portões, muros, em cofres destinados a proteger as propriedades e os valores dos ataques de possíveis ladrões.

O termo "ofendículo" significa obstáculo, impedimento ou tropeço. Trata-se de qualquer aparato ou aparelho para defender o patrimônio, o domicílio ou qualquer outro bem jurídico de possível ataque ou ameaça.

Temos, como exemplos, a colocação de cacos de vidro no muro, ponta de lança (pontaletes) na amurada, armas de fogo que disparam imediatamente, mediante dispositivo predisposto, corrente elétrica colocada na maçaneta da porta, na cerca de arame ou no portão da casa e a presença de arame farpado (concertina) ou alarmes.

A colocação do aparelho ou do aparato constitui exercício regular de um direito. Entretanto, segundo Damásio de Jesus (1994, p. 93), quando funciona em face de um ataque, o problema passa para o campo da legítima defesa preordenada, desde que a ação do mecanismo não tenha início até que tenha lugar o ataque e que a gravidade de seus efeitos não ultrapasse os limites das excludentes da ilicitude.

As lesões por ventura causadas podem ser consideradas como prática de legítima defesa? A teoria dos autores que defendem sua aceitação fundamenta sua opinião no fato de que o proprietário exerce legitimamente um direito e que, ao se defender, não pode ser responsabilizado pelo dano causado ao ladrão. Fundamentam a legalidade de tal procedimento, no fato inconteste de que o ladrão, ao iniciar o ataque a um bem jurídico (patrimônio), está praticando agressão injusta e o proprietário, em razão disso, está garantido por lei a defender sua propriedade e tem o direito de não ser molestado.

A situação deve ser resolvida com a aplicação dos dois institutos em que deve ser observada a fórmula seguinte:

a) A colocação dos aparatos defensivos configura exercício regular de um direito que é a defesa da propriedade ou da posse. O proprietário tem o direito de defender sua propriedade, desde que previamente avise que naquele local existem aparelhos para esta destinação;

b) Havendo este aviso, e mesmo nesta situação, o agente resolve furtar, ou mesmo roubar, ou invadir a propriedade, pratica esta agressão injusta ao patrimônio, razão pela qual, no caso de invasão, com o acionamento dos aparelhos defensivos, não haverá ato ilícito, uma vez que o proprietário defendeu-se de agressão atual, estando abrigado pelo instituto de legítima defesa;

c) Por fim, não haverá direito indenizatório, uma vez que o prejuízo foi ocasionado unicamente pela conduta da vítima, que deu causa ao evento, tentando subtrair ou invadir a propriedade.

7.2.5. O excesso doloso ou culposo na legítima defesa

Para que exista excesso, a *conditio sine qua non* é a de que na espécie exista uma situação objetiva da existência da excludente da criminalidade, e estejam preenchidos os requisitos previstos no art. 25 do Código Penal.

Assim, se configura o excesso doloso quando o agente consciente vai além do necessário para repelir a agressão. O excesso doloso ocorre quando o agente, ao se defender de uma agressão injusta, extrapola os limites, empregando meios desnecessários à cessação da violência, valendo-se, de forma consciente e deliberada, da situação de defesa, querendo um resultado antijurídico.

Inflige o defendente ao agressor um mal supérfluo, que advém e tem como consequência uma lesão mais grave do que a necessária e a possível e assim age por motivos psicológicos, como a raiva, a ira e o ódio e a perversidade.

Desta forma, a conduta, anteriormente lícita, passa a se configurar um comportamento totalmente ilícito, respondendo o agente por crime doloso, podendo responder pelos atos até então praticados, *verbi gratia,* como o crime de homicídio ou de tentativa de homicídio.

Exemplo esclarecedor é o do agente que, após dominar a vítima com golpe de *jiu-jitsu,* utiliza-se da faca do ofensor e lhe aplica golpe mortal ou, no caso de cansado o agressor, o defendente passa a persegui-lo e agredi-lo.

Existe a configuração do excesso culposo quando o agente, no limiar do *iter criminis* defensivo, emprega um meio desnecessário ou abusa imoderadamente do meio utilizado.

Ensina Marcelo Linhares (1980, p. 387) que *"culpa é a conduta que contrasta com preceitos codificados ou com normas ditadas pela perícia e pela prudência comuns, ou a voluntária omissão de diligência no calcular as conseqüências possíveis e previsíveis do fato"*. Ocorre por imprudência, por imperícia, inobservância de leis, regulamentos, ordens e disciplinas.

O excesso denominado de culposo deriva da negligência, imprudência ou imperícia. O excesso pode ser derivado de caso fortuito quando imprevisível e, neste caso, nenhuma sanção pode ser oposta ao defendente.

Assim, o exemplo didático de Celso Delmanto (1991, p. 45):

[...] ao se ver ameaçado e tendo à mão uma bengala e uma pistola, o agente usa desta e alveja o braço de quem o ameaça, pode-se dizer que se valeu de meio desnecessário, mas usado moderadamente; ao contrário, se emprega a bengala (meio necessário), mas mata o agressor com bengaladas na cabeça, o uso do meio necessário é que poderá ter sido imoderado.

O excesso inclui, pois, tanto o meio quanto a utilização deste, devendo ambos ser examinados. Assim, em caso de Júri, ainda que os jurados neguem o emprego de meio necessário, devem ser perguntados sobre a moderação no uso e sobre o elemento subjetivo do excesso (dolo ou culpa).

Normalmente, a questao do excesso é plenamente justificável em sua forma culposa. Muitas vezes, o excesso é ocasionado por perturbação, por medo ou por susto.

Nestes estados emocionais, está o agente em situação de extrema anormalidade psíquica, dentro de um turbilhão de uma tempestade emocional e, nestes casos, não há condições de exercer seu direito dentro dos limites bem restritos da leitura perfunctória da lei.

Assim, o agente que repele uma injusta agressão, mas excede seus limites em virtude do estado de perturbação psicológica, não é justo censurá-lo pelo excesso empregado, eis que perfeitamente compreensível, uma vez que, em frações de segundo, possa se exigir do ser humano o perfeito domínio de suas reações psíquicas já prejudicadas pelo turbilhão emocional que se acha envolvido.

Neste caso, mesmo havendo excesso na modalidade culposa, não deve existir direito indenizatório, uma vez que o agente não pode medir ou mensurar até onde pode agir licitamente, vez que a perturbação de seus sentidos não tem o condão de fazer com que o agente tenha a previsibilidade necessária de até que ponto pode usar seu direito de defesa, vez que a tempestade e o turbilhão psicológico retiram do agente o raciocínio frio e equilibrado de até que atos podem ser usados como direitos defensivos.

7.2.6. A legítima defesa no campo do Direito Civil

A excludente *sub examine* tem, também, aplicabilidade dentro da esfera do direito privado. A própria Lei Civil, em seu art. 1.210 § 1º, prevê a hipótese que o agente pode se utilizar do desforço imediato nos casos de turbação ou esbulho de sua posse.

Permite a lei que o possuidor turbado ou esbulhado defenda a posse, desde que o faça com o caráter de imediatidade, por suas próprias forças e pelos meios dos quais dispõe no momento, tal qual na legítima defesa do campo penal.

Os casos freqüentes no campo do Direito Civil de agressão ou violação ao direito de propriedade são a turbação e o esbulho.

Turbação, conforme Tito Fulgêncio (1995, p. 86) é a *"via de fato com que voluntariamente se atenta contra o direito de posse, sempre causadora de prejuízo, pois o fato da alteração da posse pode considerar-se já um dano por si mesmo"*.

Nas palavras do professor Orlando Gomes (1978, p. 91), turbação é *"todo o ato que embaraça o livre exercício da posse, haja, ou não, dano, tenha o turbador melhor direito sobre a coisa"*.

Por fim, como estabelece Caio Mario Pereira (1999, p. 51), *"o possuidor, sofrendo embaraço no exercício de sua condição, mas sem perdê-la, postula ao juiz que lhe expeça mandado de manutenção, provando a existência da posse e a moléstia"*.

Já o esbulho, nas palavras de Maria Helena Diniz (1986, p. 66), conceitua-se como sendo *"o ato pelo qual o possuidor se vê despojado da posse, injustamente, por violência, por clandestinidade e por abuso de confiança"*.

Segundo Tito Fulgêncio (1995, p.131), o esbulho é o *"ato de tomar alguma coisa a alguém contra a sua vontade sem legítima autoridade ou direito"*.

Por fim, como lembra Caio Mário Pereira (1999, p. 54), *"aquele que é desapossado da coisa tem, para reavê-la e restaurar a posse perdida, ação de reintegração de posse, que corresponde aos interditos* recuperandae posseossinis*"*.

Assim, se a atitude estatal for tardia ou não puder ser imediatamente invocada, o possuidor poderá reagir para evitar o esbulho ou a turbação, desde que o faça moderadamente.

Nada impede que o possuidor conte com a ajuda de terceiros ou com emprego de armas, desde que referidos meios sejam necessários para recuperar a posse que lhe foi esbulhada ou turbada. Tem como pressuposto essencial a defesa *ex continenti, non ex intervallo*.

O desforço imediato pode ser utilizado, seja pelo possuidor direto, seja pelo possuidor indireto da coisa, pouco importando se a posse é de má-fé ou injusta, o que a lei garante é a defesa possessória, consistente na reação ao ato turbativo ou esbulhativo.

O art. 929 do Código Civil prevê a hipótese da pessoa lesada ou do dono da coisa – no caso de deterioração ou destruição da coisa para evitar perigo – se estes não forem culpados pelo perigo, tenham o direito ao recebimento de indenização pelo prejuízo que sofreram.

Prevê, ainda, o art. 930 do Código Civil que se o perigo que ocasionou a deterioração ou a destruição da coisa ocorrer por culpa de terceiro, o autor do dano terá ação regressiva para reaver determinado valor que ressarciu ao dono da coisa deteriorada ou destruída. O parágrafo único estende tal hipótese àquele que se defendeu de uma agressão injusta e necessitou destruir, inutilizar ou deteriorar coisa alheia para remover o perigo.

7.2.7. A legítima defesa e a responsabilidade civil

A questão comprobatória da existência da legítima defesa tem inúmeras repercussões na esfera da responsabilidade civil, haja vista que se o agente agir sob o manto da legítima defesa não terá obrigação alguma de indenizar qualquer prejuízo, como corolário do ordenamento do *vim vis repellere* previsto no Direito Canônico.

Havendo a presença da legítima defesa real, improcede o direito indenizatório.[23]

Assim, se a situação se apresenta como lícita, como lícita é a defesa de seus interesses relativos à honra, integridade física, à vida e à liberdade sexual; não se pode exigir preceito indenizatório de pessoa que exerce legitimamente seus direitos.

Ensina Maria Helena Diniz (1986, p. 968):

As disposições comentadas anteriormente ao homicídio e à lesão corporal aplicam-se aos crimes justificáveis, em que o autor foi absolvido ou foi contemplado com alguma atenuante. Mas se o ato lesivo advier de legítima defesa ou de estado de necessidade, aquelas normas não terão aplicabilidade, por não se configurar como ilícito, apesar de gerar ao autor o dever de ressarcir o dano patrimonial.

Mas, em situação diversa, se não provada a legítima defesa, tal fato legitima a vítima, seus descendentes ou ascendentes, depois de transitada em julgado a sentença penal condenatória, a pleitear perante o Juízo Cível a indenização correspondente aos danos materiais, estéticos ou morais, haja vista a disposição contida no art. 91 do Código Penal,[24] que impõe, como efeito da condenação, o de tornar certa a obrigação de indenizar o dano causado pelo crime, discutindo-se no cível apenas o *quantum* indenizatório.

Nada impede que a vítima ou quem de direito proponha concomitantemente ao ajuizamento da ação penal a ação indenizatória.

Ocorre que tal propositura parece temerária, haja vista que a vítima teria que produzir elementos probatórios certos e irrefutáveis de que o réu não agiu em legítima defesa. Destarte, atrai para si o ônus da prova e corre o risco de ter contra si uma sentença de improcedência.

De forma contrária, se aguardasse o resultado da jurisdição penal, apenas aguardaria o título executivo, discutindo-se, apenas, o valor indenizatório.

---

[23] Neste sentido ver Apelação Cível nº 37.927-4 - São Vicente - 7ª Câmara de Direito Privado - Relator: Soares Lima - 17.06.98 - V. U: RESPONSABILIDADE CIVIL - Indenização por morte - Não cabimento - Presença de excludente de ilicitude - Hipótese de vigia que, agindo em legítima defesa, afastou agressão injusta e iminente com moderação e através do meio de que dispunha no momento - Aplicação do art. 160, inciso I, do Código Civil - Recursos providos para julgar a ação improcedente.

[24] Código Penal: Dos efeitos da condenação: "Art. 91. São efeitos da condenação: I - tornar certa a obrigação de reparar o dano causado pelo crime; II - (...) Omissis".

Nada impediria a propositura de ação civil em paralelismo à ação penal, mas a solução adequada é a de suspensão do processo civil até a decisão da justiça criminal, conforme facultaria pela interpretação do art. 265, inciso IV, alínea "a" do Código de Processo Civil.

Caso contrário, se provado ficar que o agente agiu sob o manto agasalhador da legítima defesa, reconhecida pela Justiça Penal, é impossível pleitear na Justiça Civil o ressarcimento do dano decorrente daquele ato.[25]

7.2.8. A indenização quando inocorre a legítima defesa

Somente a legítima defesa real praticada contra o agressor impede a ação de ressarcimento de danos, nos termos do art. 188, inciso I, do Código Civil.

Normalmente, gera o direito a indenização nos crimes de homicídio, lesão corporal, ofensa à liberdade pessoal, esbulho e usurpação.[26]

No caso de homicídio, a jurisprudência dominante é no sentido de se considerar como parâmetro 2/3 (dois terços) do salário do pai, se este for a vítima, atualizado na data de liquidação, incluindo-se no cálculo o décimo terceiro salário [27] e a pensão será devida desde a idade de sobrevida provável, que é de 65 (sessenta e cinco) anos.

Sendo o filho beneficiário, a pensão será devida até atingir a maioridade civil, e se a beneficiária for a filha do de cujus a pensão será devida até que ela atinja 25 (vinte e cinco) anos ou antes desta idade, se contrair matrimônio[28]. Por outro lado, se a vítima deixou apenas a viúva, a pensão ser-lhe-á devida durante o período de sobrevida provável, a menos que venha ela a convolar novas núpcias.

Se a vítima for o filho e este exercia atividade laboral, a indenização terá como base 2/3 (dois terços) do seu salário, cessando quando esta completasse 25 (vinte e cinco) anos. Por outro lado, se a vítima for filho que não exerce atividade laboral, a pensão será calculada na base de 2/3 (dois terços) do salário mínimo.

Podem ser pedidos os lucros cessantes, despesas com o tratamento da vítima e o luto da família, entrando este último caso na hipótese de dano moral.

---

[25] RT 513/120.

[26] Vide a respeito Carlos Roberto GONÇALVES.**Responsabilidade Civil**. 1984, p.184 e seguintes.

[27] Neste sentido ver RT 558/190 e 559/81, RTJ 82/515, 86/343 e 89/660.

[28] RT 559/81 e RTJ 92/886.

Mesmo quando o ato cause a morte de pessoa menor de idade, ainda que este não exerça atividade laboral, subsiste o dever de indenizar.[29]

Os danos causados por erro na execução, *aberratio ictus,* devem ser indenizados ao terceiro prejudicado, da mesma forma a legítima defesa putativa não exime o réu de compor os danos.

Sobre o tema[30], preciosa é a lição de Humberto Theodoro Júnior (2003, p. 179): *"[...] a legítima defesa isenta o agente de responder pelo dano que inflige ao agressor ou ao suposto agressor. Não, porém, ao dano que ultrapassa o agressor para a agressão injusta."* Em tal hipótese, o que se defendeu terá de reparar a lesão do terceiro inocente, tal como se passa no estado de necessidade. O ato foi lícito, mas o resultado foi injusto para quem não tinha o dever de suportar-lhe as conseqüências (o terceiro prejudicado).

A *aberratio ictus*, nessa ordem de idéias, mesmo sem culpa alguma do agente, não representa excludente do dever de reparar o dano, para o ofendido se apresenta como injusto, como tem assentado a jurisprudência.

Neste sentido, o seguinte julgado *"é pacífica a tese de que no caso de legítima defesa o agente não está obrigado a reparar os danos sofridos pela vítima, nos termos do art. 1.540 do mesmo Código. Quando, porém, no uso regular de um direito é ofendido 'bem jurídico' de terceiro, tem este direito à indenização"*.[31]

Outro julgado interessante é aquele que impõe ao Estado o dever de indenizar quando seu agente administrativo agiu sob a égide da legítima defesa, em que o dever de indenizar não é excluído pela incidência *in casu* da teoria do risco administrativo e da responsabilidade civil objetiva.[32]

---

[29] Neste sentido ver Apelação Cível nº 209.061-1 - Diadema - 16.08.94: EMENTA: INDENIZAÇÃO - Responsabilidade civil - Morte de filho menor - Admissibilidade - Indenização devida até a data em que a vítima completaria vinte e cinco anos - Autoria do disparo não negada pelo apelante - Legítima defesa, ademais, não demonstrada pela prova oral - Alegação de sobrestamento do feito que descabe, ante a independência da responsabilidade civil em relação à criminal - Observância ao art. 1.537 do Código Civil e Súmula 491 do Supremo Tribunal Federal - Recurso não provido. A Súmula 491 do Supremo Tribunal Federal manda indenizar o acidente que cause a morte de filho menor, ainda que não exerça trabalho remunerado. (Relator: Gonzaga Franceschini.)

[30] Legítima defesa. *Aberratio Ictus.* O agente que, estando em situação de legítima defesa, causa ofensa a terceiro, por erro na execução, responde pela indenização do dano, se provada no juízo cível sua culpa. *In* Humberto Theodoro Júnior – Comentários ao Novo Código Civil, Volume III, Tomo II, 2003, Editora Forense, São Paulo, p. 139.

[31] RT 206:238.

[32] RT 532/245. "Ocorre a responsabilidade civil do Estado por lesão corporal causada por agente policial embora aja o reconhecimento, em sentença criminal, de que o mesmo agiu nas condições do art. 17 do Código Penal (legítima defesa putativa). Esta decisão não faz coisa julgada no cível, pois o art. 65 do CPP se refere à legítima defesa propriamente dita, que é excludente da injuridicidade. Do mesmo modo, é o art. 160, I, do CC. Responde, por conseguinte, o Estado, pela reparação do dano, em virtude da própria noção de responsabilidade civil, independentemente da invocação do risco administrativo, fundada no artigo da CF."

7.2.9. A legítima defesa como coisa julgada no cível

Dispõe o art. 65 do CPP: *"Faz coisa julgada no cível a sentença penal que reconhecer ter sido o ato praticado em estado de necessidade, em legítima defesa, em estrito cumprimento do dever legal ou em exercício regular do direito"*.

Tal fato constitui uma exceção ao princípio da separação das ações civis e penais, prevendo que faz coisa julgada no cível a sentença penal que absolver o réu por uma das excludentes de ilicitude previstas no art. 23 do Código Penal, corroborando o entendimento já sufragado do art. 188, inciso I do Código Civil.

Tais dispositivos significam que não mais se poderá discutir no juízo cível a existência no fato de uma causa excludente da ilicitude, da mesma forma de que não se discute mais a culpa ou o dolo no caso de sentença penal condenatória. Não é devida qualquer reparação se o lesado foi o agressor.

Neste passo, é importante colacionarmos o entendimento de Fernando da Costa Tourinho Filho (1996, p.133):

[...] o dispositivo em exame não significa que a sentença penal que reconheça uma dessas excludentes de ilicitude impeça a propositura da ação civil. Houve excesso na linguagem. O legislador disse mais do que queria. Observe-se, por exemplo, que, no caso de estado de necessidade, ocorrendo a hipótese prevista no art. 160, II, do CC, aplicar-se-á a regra do art. 1.519 do mesmo diploma. Veja-se, ainda, o disposto no art. 1.540 do referido código. Basileu Garcia, com acerto, afirmava que o contido no art. 65 do CPP não tinha nem tem outro efeito que o de denunciar a impossibilidade de reabrir-se, no cível, a discussão sobre a intercorrência dessas justificativas no caso concreto. Mas o legislador processual não dispôs – nem era sua missão de fazê-lo – acerca de caber ou não caber ressarcimento havendo alguma daquelas justificativas.

De grande valia era a opinião de José Frederico Marques (1970, p. 181) que propunha a mudança deste artigo para a forma seguinte:

"Faz coisa julgada no cível, a sentença penal que reconhecer ter sido o ato praticado em legítima defesa, estado de necessidade, excludente

de crime, exercício regular de direito ou estrito cumprimento do dever legal. Os efeitos civis de qualquer uma dessas excludentes penais ficam subordinados ao que dispuser a legislação de Direito Privado".

Neste caso, necessário se faz observar que a sentença penal condenatória, na esfera cível, faz coisa julgada, não podendo mais se discutir sobre a existência de dolo ou culpa na conduta do agente.

Da mesma forma, a sentença penal que reconhece ter o agente praticado o fato sob o amparo da legítima defesa, não permite a rediscussão desta questão.

O que ocorre é que esta sentença não impede o direito de ação, todavia, obstaculizará a decisão de procedência da demanda, eis que o reconhecimento da excludente, na esfera penal, impedirá a rediscussão da matéria, uma vez que a esfera criminal decidiu sobre a licitude da conduta, não havendo, pois, direito indenizatório nos termos do art. 188, inciso I do Código Civil.

7.2.10. Conseqüências do não reconhecimento da legítima defesa no campo da responsabilidade civil

Já foi dito que uma das conseqüências do ato ilícito é a obrigação de indenizar, que pode caracterizar em diversos campos indenizatórios, dependendo da atuação do agente e as conseqüências de que seu ato provocou na vítima.

Este ato pode consistir na reparação pelo agente do dano estético – isto se a lesão produzida causar deformidade ou aleijão –, consistir também na reparação do dano material – consistente no pagamento das despesas com hospital, medicamentos, honorários do médico, despesas com tratamento, sepultamento, despesas funerárias – e, como se não bastasse, gerar preceito indenizatório relativo ao dano moral – *pretium doloris,* retribuição pecuniária pela dor da perda da vítima e as despesas morais relativas à dor de seu tratamento e de seu sofrimento – e, além disto, reparação de caráter alimentar – caso se comprove que a vítima contribuía com a mantença do lar e de seus familiares, quantia fixada que deverá ser paga aos familiares ou a quem de direito até a idade de 65 (sessenta e cinco) anos, tudo isto como forma de restaurar ou minimizar o *status quo ante.*

Aqui cabe um parêntesis: se a vítima concorreu para o evento, tal indenização será reduzida pela metade.

Sobre a culpa concorrente, o Código Civil, em seu art. 945, adotou a critério da verificação da culpa da vítima em confronto com a culpa do causador do dano, deixando para trás a orientação jurisprudencial que vigorava no sentido da repartição pela metade dos prejuízos.

Estabelece como critério de fixação da indenização tendo em conta a gravidade de sua culpa em confronto com o grau de culpa do autor do dano.

Não provada a legítima defesa, surge o dever de indenizar.[33] Idêntico posicionamento foi adotado no caso de não comprovação da legítima defesa da honra pela inadequação dos meios utilizados.[34]

7.2.11. O abuso de direito e a legítima defesa

A teoria do abuso de direito surge no Direito Romano, no qual Cícero pregava que o excesso de justiça transforma-se em injustiça.[35]

Posteriormente, na Alemanha, o Código Civil prevê que o exercício de um direito não é permitido quando tem por finalidade causar dano a outrem. Na Suíça, há uma norma imperativa de que todos estão obrigados a exercer seus direitos e executar suas obrigações, segundo as regras da boa-fé, não protegendo o abuso manifesto do direito.

O Código Civil Português, em seu art. 334, prevê que o ilegítimo exercício de um direito se dá quando o titular de um direito excede manifestamente os limites da boa-fé, dos bons costumes ou do fim econômico ou social. O Código Civil Austríaco impõe a obrigação de indenizar quando exista dano resultante do abuso de direito, quando existe a intenção de lesar.

Na Argentina, a lei não ampara o exercício abusivo dos direitos, quando o titular de um direito excede os limites da boa-fé ou dos bons costumes.

---

[33] Neste sentido, ver Apelação Cível nº 22.764-4 - Araraquara - 7ª Câmara de Direito Privado - Relator: Benini Cabral - 06.05.98 - V. U.: INDENIZAÇÃO - Responsabilidade civil - Perdas e danos - Ocorrência da excludente da legítima defesa - Recurso não provido para afastar a obrigação de indenizar.

[34] Ver também Apelação Cível nº 21.874-4 - Penápolis - 6ª Câmara de Direito Privado - Relator: Mohamed Amaro - 22.01.98 - V. U.: INDENIZAÇÃO - Responsabilidade civil - Ato ilícito - Lesões corporais - Legítima defesa da honra descaracterizada e, ainda, que admita: o réu teria adotado meio inadequado para exercê-la - Indenização devida - Verba que, no entanto, merece ser reduzida - Recurso do réu parcialmente provido, desprovido o do autor.

[35] Summum jus, summa injuria.

O ato ilícito também pode ser ocasionado quando o agente, titular de um direito, excede manifestamente os limites impostos pelo fim econômico, social, pelos bons costumes ou pela boa-fé. Trata-se de norma prevista no Código Civil, em seu art. 187.

Em primeiro lugar, a expressão abuso de direito constitui uma contradição. Para Marcel Planiol (1902, p. 870), a expressão abuso de direito *"representaria uma* contradictio in adjectio *(uma contradição em seus próprios termos), já que o direito cessa justamente quando o abuso começa, não sendo admissível que um mesmo ato pudesse ser a um só tempo, conforme e contrário ao direito".*

O abuso de direito não se dá porque o titular não respeitou os limites internos do seu direito, mas porque abusou de uma faculdade que realmente lhe cabia. Abuso de direito poderia ser conceituado como um exercício lesivo de um direito.

Nossa jurisprudência preleciona que, toda vez que houver excesso no exercício regular do direito, dá-se o abuso de direito.[36]

O titular do direito deve exercê-lo dentro da sua normalidade ou dentro dos limites impostos pela boa-fé, dos costumes, dentro dos limites impostos pelo fim econômico ou social. Toda vez que o agente desvia a utilização do seu direito para objetivos ilícitos e indesejáveis, comete ato ilícito pela anormalidade na utilização do direito.

Ocorrerá o abuso de direito quando o agente invoca uma faculdade prevista em lei, usando-a adequadamente, mas com a finalidade de alcançar objetivo ilícito ou não tolerado pelo consenso social.

Para a configuração do abuso de direito em nossa legislação civil, necessário se faz a comprovação de que o agente agiu de forma intencional, com a presença do *animus nocendi* (intenção manifesta de prejudicar, que transforma o ato lícito em ato ilícito).

Caio Mário Pereira (1999, p. 429) nos ensina que *"não se pode na atualidade admitir que o indivíduo conduza a utilização do seu direito até o ponto de transformá-lo em causa de prejuízo alheio".*

Carlos Roberto Gonçalves (2003, p. 30) assevera que *"a teoria do abuso de direito tem aplicação em quase todos os campos do direito, como instrumento destinado a reprimir o exercício anti-social dos direitos subjetivos".*

---

[36] Nesse sentito ver RT 434:239, 445:229, 403:218, 494:225.

Para a configuração do abuso do direito são necessários alguns requisitos: uma conduta humana, a existência de um direito subjetivo, o exercício desse direito de maneira dolosa ou culposa, provocando dano a outrem e a ofensa aos bons costumes e à boa-fé e sua prática em total desacordo com o fim econômico ou social.

O professor Washington de Barros Monteiro (1971, p. 294), ao discorrer sobre o abuso de direito, ministra lição no sentido de que existem três correntes sobre o assunto:

> *"a primeira funda-se na existência do direito de prejudicar; a segunda corrente na inexistência do interesse legítimo quando o titular exerce seu direito sem motivo justificável; e a terceira que o abuso do direito se caracteriza quando o agente faz uso anormal ou irregular de um direito subjetivo".*

Primeiramente, faz-se necessário que o abuso do direito seja originário de um ato humano que visa a causar dano a outrem, por puro capricho. Temos, como exemplos, o caso do morador que constrói muro alto para retirar de seus vizinhos toda a iluminação ou ventilação da casa contígua, quando um morador provoca sons exagerados para tirar sossego de seus vizinhos, quando o credor, tendo outros bens a serem penhorados, faz a constrição sobre bens e maquinários de uma empresa, visando a sua paralisação.

Além disso, o abuso de direito pode se configurar quando o agente age com intuito de lesar a boa-fé e os bons costumes. Temos, como exemplos, o credor que, depois de ceder seu direito a terceiro, notifica o devedor para que realize o pagamento a ele próprio; o credor, mesmo sabendo que os bens não pertencem ao devedor, promove o arresto ou seqüestro destes bens; processualmente o caso do litigante que promove diligências desnecessárias, visando a procrastinação do processo; o menor que se apresentando como pessoa absolutamente capaz, realiza negócio jurídico e, ao depois, promove ação judicial para anulação do negócio, valendo-se de sua condição de menor.

Os casos de atos e negócios jurídicos praticados por erro, dolo, coação, simulação ou fraude configuram também o abuso de direito por infringência aos preceitos do fim social ou do direito subjetivo.

Para a configuração do abuso de direito é necessário se investigar o elemento subjetivo. Neste caso, é necessário se observar os atos emulativos.[37]

---

[37] "Atos emulativos são os praticados dolosamente pelo agente no exercício formal de um direito, em regra, o de propriedade com a firme intenção de causar dano a outrem e não de satisfazer à necessidade de seu titular." Conforme Maria Helena Diniz. Responsabilidade Civil, 7º Volume, p. 380.

O Código Civil se contenta com a conduta culposa *lato sensu,* ou seja, com o dolo ou com a culpa do agente.

O abuso de direito pode acarretar a obrigação de ressarcir os danos causados, a anulação do negócio efetivado, a imponibilidade da condição que deu origem ao negócio, pois ninguém pode aproveitar-se de sua própria torpeza, ou a demolição de obra, se esta for nociva ao proprietário vizinho.

Se o agente atua dentro de um direito seu que é o direito de se defender de uma agressão, todavia, age dolosa ou culposa, infligindo um mal necessário ao ofensor, excedendo-se no direito de defesa, o ato que anteriormente era lícito passa para a esfera da ilicitude, configurando o abuso de direito.

O abuso de direito da esfera civil, por analogia, pode ser comparado ao excesso da legítima defesa, onde, se configurado, acarreta aquele que se excedeu no direito de defesa a indenizar os prejuízos ao ofensor.

8. AÇÃO CIVIL *EX DELICTO*

8.1. Considerações iniciais

Um dos aspectos mais importantes do processo criminal é que o legislador brasileiro se preocupou, quando da elaboração do Código de Processo Penal, em tutelar o direito do cidadão brasileiro quando vítima de uma conduta penal ilícita.

A ação civil, no ensinamento do professor Fernando da Costa Tourinho Filho (1998, p. 03), é *"a ação civil visando a satisfação do dano produzido pela infração penal"*.

André Vitu (1957, p. 54) ensina que *"em matière pénale, l'infraction donne naissence à deux actions: l'action pour l'application peines e l'action em réparation du dommage cause"*.[38]

---

[38] "Em matéria penal, a infração faz nascer duas ações: uma ação para a aplicação de pena e outra ação para a reparação do dano causado."

Antes de mais nada, é de suma importância analisarmos que a jurisdição penal e a jurisdição civil são totalmente independentes entre si, todavia, existem influências nas decisões proferidas em suas instâncias que chegam até a prejudicar o processo civil.

Adota-se, no Brasil, o sistema da interdependência ou de separação que nas palavras do professor Paulo Lúcio Nogueira (2000, p.120) *"traduz-se na autonomia das ações que são propostas separadamente e têm andamento independente"*.

Maria Helena Diniz (1997, pp. 959-960) explica sobre a independência das jurisdições e suas influências nos seguintes moldes:

Vigora em nosso direito o princípio da independência da responsabilidade civil em relação à penal, porém, não se poderá questionar mais sobre a existência do fato (isto é, do crime e suas conseqüências) ou quem seja seu autor quando estas questões se encontrarem decididas no crime. Logo, enquanto o juízo criminal não tiver formado convicção sobre tais questões, os processos correrão independentemente, e as duas responsabilidades (civil e penal), poderão ser, de fato, investigadas. Em nosso ordenamento, a instância criminal julga o fato em seu aspecto social, reprimindo o delinqüente por meio de penas. Logo, a pretensão pecuniária só poderá ser pedida no juízo cível, que julga quanto à vida que pleiteia a reparação do prejuízo. Portanto, será impossível a reparação do dano no processo criminal.

Existe, ainda, o sistema da cumulação. Tal sistema traduz-se na necessidade de a vítima habilitar-se no processo criminal para fornecer ao juiz criminal e este, em uma só sentença, a existência do crime e da indenização.

Paulo Lúcio Nogueira (2000) critica a adoção de tal sistema pelos percalços do processo crime e pela sua costumeira demora.

A Comissão de Reforma do Código de Processo Penal parece ter adotado a idéia do sistema cumulativo, uma vez que uma das onze propostas sobre a reforma versa justamente sobre o direito indenizatório da vítima.

Ada Pellegrini Grinover (1998, p. 50), ao comentar sobre o tema ora analisado, ensina que o anteprojeto do novo Código de Processo Penal *"prevê, ainda, que, na sentença condenatória, o juiz penal fixe o mínimo da indenização devida à vítima, a ser executada imediatamente no juízo cível, após o trânsito em julgado da sentença, sem prejuízo da liquidação pela diferença a ser apurada"*.

8.2. A influência da sentença penal condenatória na esfera cível

Quanto à responsabilidade civil e criminal, o Código Civil prevê a independência das jurisdições, não podendo mais se questionar a existência do fato, ou sobre quem seja seu autor, quando estas questões já foram decididas na esfera penal.[39]

De uma forma indireta, a nova legislação veda a discussão de fatos já decididos em outra instância, reservando, apenas e tão-somente, a discussão do *quantum debeatur.*

Muito embora em nosso ordenamento jurídico haja a separação e a independência das jurisdições civis e criminais, a jurisdição penal tem grande influência nas decisões e julgamentos da esfera civil no tocante às ações de reparação de dano, quando paralelamente tramita uma ação penal.

Em primeiro lugar, nunca é demais lembrarmos que a sentença penal condenatória transitada em julgado transforma-se, na esfera cível, em título executivo. Neste sentido, é o que dispõe o art. 63 do Código de Processo Penal.

Conforme Alberto Silva Franco (1995, p.1.076):

A condenação criminal torna certa a obrigação de reparar o dano causado pelo crime. A sentença condenatória irrecorrível vale como "título executivo judicial" (art. 584, II, do CPC), apto a ensejar liquidação para apuração do quantum *devido. O valor da indenização ex delito está regulado no Código Civil (arts. 1.537 e ss). A reforma penal de 1984 não alterou o sistema do Código Penal de 1940, limitando-se a pequena modificação redacional. Observe se que "a extinção da punibilidade, após o trânsito em julgado da sentença condenatória, não exclui seu efeito secundário de obrigar o sujeito à reparação do dano.*

A sentença penal irrecorrível faz coisa julgada no cível para efeito de reparação do dano, não se podendo mais discutir a respeito do *an debeatur,* mas somente sobre o *quantum debeatur.*

Significa que o causador do dano não poderá mais discutir no juízo cível se praticou o fato ou não, se houve relação de causalidade entre a conduta e o resultado

---

[39] Ver Código Civil, art. 935.

ou não, se agiu ilicitamente ou não, se agiu culpavelmente ou não. Só pode discutir a respeito da importância da reparação.

Tem-se entendido que *"o juízo cível não poderá reabrir a questão sobre a responsabilidade civil pelo fato reconhecido como crime, por sentença com trânsito em julgado".*[40] Conforme Celso Delmanto (1991, p.141), *"a condenação penal, a partir do momento que se torna irrecorrível, faz coisa julgada no cível, para fins de reparação do dano".* Tem a natureza de título executório, permitindo ao ofendido reclamar a indenização civil, sem que o condenado pelo delito possa discutir a existência do ou a sua responsabilidade por ele.

Conforme afirma Damásio Evangelista de Jesus (1994, p. 240):

> *Nos termos do art. 159 do Código Civil, aquele que, por "ação ou omissão voluntária, negligência ou imprudência, violar direito ou causar prejuízo, fica obrigado a reparar o dano". E o art. 91, I, do Código Penal, determina que a sentença penal condenatória tem o efeito de "tornar certa a obrigação de reparar o dano resultante do crime". Por sua vez, o Código de Processo Penal, em seu art. 63, preceitua que, "transitada em julgado a sentença penal condenatória, poderão promover-lhe a execução, no juízo cível, para o efeito de reparar o dano, o ofendido ou seu representante legal ou seus herdeiros". Vide art. 5º, XLV, da Constituição Federal.*

Nossos Tribunais[41] tem decidido de maneira unânime que a sentença penal condenatória faz, pois, coisa julgada no cível, não podendo mais ser discutida a culpa do condenado; apura-se, apenas, o *quantum* devido na execução.

Ensina Heráclito Mossin Filho (1998, p. 291), a respeito do tema, que:

> *[...] conforme regra processual penal expressa no art. 63 do Código de Processo Penal, transitada em julgado a sentença penal condenatória, poderá promover-lhe a execução, no juízo cível, para efeito de reparação do dano, o ofendido ou seu representante legal ou seus herdeiros. Observa-se, pelo preceito transcrito, que a sentença penal nas condições legislativamente estabelecidas tem natureza de*

---

[40] Neste sentido ver STF, RTJ 91/253.
[41] Revista dos Tribunais 585:215, 584:236, 580:152, 547: 252.

título executivo civil, porquanto opera ela seus efeitos processuais no juízo extrapenal, ali fazendo coisa julgada.

Necessariamente, devemos observar que a sentença penal condenatória somente adquire a qualidade de título executivo na esfera cível quando transitar em julgado, ou seja, quando dela não mais restar a possibilidade de recurso.

Conforme ensina José Frederico Marques (1970, p. 91), a coisa julgada pode ser conceituada como:

[...] a qualidade dos efeitos da prestação jurisdicional entregue com o julgamento da res in iudicium deducta, em virtude da qual esses efeitos se tornam imutáveis entre as partes. A sentença definitiva não mais sujeita a reexames recursais transforma a res iudicanda em res iudicata, e a vontade concreta da lei, afirmada no julgado, dá ao imperativo jurídico, ali contido, a força e a autoridade de lei especial entre as partes, no tocante ao litígio jurisdicionalmente decidido e solucionado.

Sobre o tema, necessário se faz lembrar com Sílvio Ranieri (1965, p. 364) que a coisa julgada *"é o conteúdo da decisão que exaure de modo imperativo, definitivo e irrevogável o juízo, e a autoridade da coisa julgada é a eficácia que vem reconhecida pela lei à decisão jurisdicional definitiva e irrevogável".*

Portanto, a sentença penal de conteúdo condenatório servirá como título executivo para sua competente execução na esfera cível, apenas quando estiverem preclusas ou encerradas as vias recursais.

Neste sentido, conforme nossos julgados[42], a sentença penal condenatória faz coisa julgada no Cível no tocante à obrigação do réu de indenizar os danos suportados pela vítima. Resulta, implicitamente, condenação civil, ficando, portanto, prejudicado o julgamento da lide, uma vez que a sentença penal já dirimiu definitivamente, cumprindo ao lesado promover a execução forçada, precedida de liquidação dos danos.

A condenação penal, a partir do momento em que se torna irrecorrível, faz coisa julgada no cível para fins de reparação do dano.

---

[42] Ver RT 629/140.

Neste sentido, afirma Fernando da Costa Tourinho Filho (1998, p. 23):

[...] uma vez proferida sentença condenatória, transitada em julgado, a vítima poderá exigir a reparação no cível, executando a decisão do Juiz penal. No cível, então, não se discutirá mais se o réu tinha ou não razão, se ficou ou não provada a relação de causalidade, pois o art. 1525 do CC proclama que a responsabilidade civil é independente da criminal. Entretanto, não se poderá questionar mais sobre a existência do fato, ou quem seja o seu autor, quando estas questões se acharem decididas no crime.

Possui a natureza de título executivo, permitindo ao ofendido ou à vítima reclamar sua indenização na esfera cível, sem que seu ofensor possa discutir novamente a existência do crime ou a sua responsabilidade.

Adverte Heráclito Mossin Filho (1998, p. 392) que *"não será reaberta nenhuma discussão no juízo cível sobre a responsabilidade pelo fato reconhecido como crime em sentença coberta pelo manto da* res iudicata, *discutindo apenas o montante do ressarcimento"*.

Nosso Código Civil, em seu art. 935, é taxativo no sentido de que comprovada no juízo criminal a existência do fato, bem como a sua autoria, tais discussões não poderão ser mais discutidas na esfera cível.

Eugênio Pacelli de Oliveira (2002, p.137) considera a sentença penal condenatória transitada em julgado na esfera cível como sendo *"uma decisão de eficácia preclusiva subordinante, na medida em que impede a reabertura de qualquer discussão em qualquer outro processo ou Juízo, em homenagem à unidade da jurisdição"*.

Assim, não se admite novas indagações na esfera cível ao elemento subjetivo da conduta, a cerca de dolo e da culpa imputados ao acusado, uma vez que tais alegações já foram analisadas na sentença proferida em sede do processo criminal.

Cumpre mencionar que um dos efeitos da sentença penal condenatória, nos termos do art. 91, inciso I, é tornar certa a reparação pelos danos sofridos.

É um dos efeitos da sentença penal condenatória que impõe ao condenado o dever de reparar os danos causados à vítima.

Além de ser um dever, muitas vezes, é requisito para que o condenado obtenha o livramento condicional ou sua reabilitação criminal.

A sentença penal condenatória irrecorrível é considerada como título executivo judicial e poderá ser executado no local onde o fato se consumou ou no foro do domicílio do autor.

8.3. O reconhecimento das excludentes na esfera penal

A sentença penal também causa sérias influências na ação civil quando reconhece que o acusado na esfera criminal praticou o fato amparado por alguma excludente de antijuridicidade.

O art. 65 do Código de Processo Penal é taxativo ao declarar que *"faz coisa julgada no cível a sentença penal que reconhecer ter sido o ato praticado em estado de necessidade, em legítima defesa, em estrito cumprimento do dever legal ou no exercício regular do direito"*.

Assim, reconhecida na esfera penal a ocorrência de uma causa excludente de antijuridicidade, não tem ele nenhum dever ou obrigação legal de reparar o dano causado, uma vez que, se torna claro que seu ato foi praticado em total consonância com o ordenamento jurídico.

Quando alguém pratica um fato que a lei não considera como sendo ilícito, não pode ser punido por esta mesma lei.

Claramente se infere quando o legislador penal afirma que a sentença penal que reconhece a presença de uma excludente faz esta decisão coisa julgada na esfera cível, impedindo ao autor da esfera cível a discussão dessa matéria em processo indenizatório.

Neste sentido, é clara a disposição do art. 935 do Código Civil que prevê que *"[...] a responsabilidade civil é independente da criminal, não se podendo questionar mais sobre a existência do fato, ou sobre quem seja o seu autor, quando estas questões se acharem decididas no crime"*.

Com referência ao instituto da legítima defesa, objeto dessa monografia, cumpre destacar que tem entendido a jurisprudência que é pacífica a tese de que a pessoa que age em legítima defesa real não está obrigada a reparar o dano sofrido pela vítima.[43]

[...] se o juiz penal reconhece ter o agente praticado o ato em legítima defesa, estado de necessidade, estrito cumprimento do dever legal ou

---

[43] Revista dos Tribunais 565/97, 513/120, 488/89.

no exercício regular de um direito, tal decisão faz coisa julgada no cível, isto é, na sede civil, e não se poderá mais negar a existência de qualquer dessas excludentes de criminosidade. O juiz do cível deverá aceitá-las sem que possa haver qualquer objeção. Se a lei civil, entretanto, não atribuir nenhum efeito aos atos praticados nessas circunstâncias, é claro que o prejudicado nada receberá (TOURINHO, 1998, p. 45).

Câmara Leal (1942, p. 250), comungando do mesmo entendimento de Fernando da Costa Tourinho Filho, com maestria afirma que:

[...] quando a sentença é absolutória, por afirmar que praticou o agente o fato em estado de necessidade, ou em legítima defesa, ou em estrito cumprimento do dever legal, ou no exercício regular de um direito, o Juiz do cível não pode afastar-se dessas conclusões e é obrigado a isentar o réu de responsabilidade pela reparação do dano, com fundamento no art. 160 do CC, julgando improcedente a ação.

Quanto ao estado de necessidade – outra causa excludente da responsabilidade civil – deve se examinar cada caso concreto para se investigar possível direito indenizatório a ser reparado.

Se o causador do dano é quem age em estado de necessidade, responde ante a vítima inocente, que fica com ação regressiva contra o terceiro que causou o perigo, mesmo tendo em conta a sentença absolutória do crime. Alerta Eugênio Pacelli de Oliveira (2002, p.139) que:

[...] de outro lado, impõe-se registrar que, embora seja vedada a reabertura da discussão acerca da matéria então decidida (excludentes reais), a responsabilidade civil não estará afastada quando houver expressa previsão legal neste sentido, ou seja, prevendo a recomposição do dano mesmo nas hipóteses de legítima defesa, estado de necessidade, estrito cumprimento do dever legal ou exercício regular do direito.

Assim, por exemplo, prevêem os arts. 1.519 e 1.520 do Código Civil que o agente causador do dano à coisa deverá indenizar seu proprietário, ainda que assim tenha agido – e, assim, causado o dano – em legítima defesa ou no exercício regular de um direito (art. 160, I , Código Civil) ou a fim de remover perigo iminente, desde que não seja aquele (o dono da coisa) culpado pelo perigo ou responsável pela agressão, e que tenha efetivamente sofrido o prejuízo.

Conforme o entendimento de Damásio Evangelista de Jesus[44], temos que a sentença penal transitada em julgado, que reconhece a presença das excludentes, faz desaparecer a pretensão indenizatória.

8.4. Decisões penais que não impedem a ação civil

As decisões penais, em certos casos, não impedem que a vítima possa exercer o seu direito de indenização na esfera cível.

Em certos casos, embora a jurisdição penal tenha decidido pela inexistência, ou pelo arquivamento, ou pela extinção da punibilidade do agente, estas decisões apenas têm influência na área do direito penal, não retirando do ofendido o direito de ajuizar a ação de reparação de danos na esfera cível.

Dada a complexidade dos temas, analisaremos cada um de per si.

---

[44] "Em regra, quando a absolvição criminal se fundamenta na existência de causa excludente de antijuridicidade, fica impedido o exercício da ação civil de reparação do dano. Com efeito, o art. 160, I e II, do CC, diz que não constituem atos ilícitos os praticados em legítima defesa, estado de necessidade ou no exercício regular do direito (que inclui o estrito cumprimento do dever legal). E, nos termos do art. 65 do CPP, 'faz coisa julgada no cível a sentença penal que reconhecer ter sido o ato praticado em estado de necessidade, em legítima defesa, em estrito cumprimento de dever legal ou no exercício regular de um direito'. Isto significa que, se o juiz criminal absolver o réu com fundamento nas causas do art. 23 do CP, no juízo cível não poderá mais ser discutida a matéria. Assim, se no juízo criminal o réu for absolvido com fundamento na legítima defesa, no juízo cível não poderá mais ser discutido se o sujeito praticou o fato em legítima defesa ou não. A decisão criminal faz coisa julgada no cível. E se o art. 160, I e II do CC, diz que não constituem atos ilícitos os fatos cometidos nos termos do art. 23 do CP, em regra não cabe a *actio civilis ex delicto*. Por que 'em regra'? Porque se a lei civil, reconhecendo que o fato é lícito, nao mencionar qualquer efeito sobre o direito à reparação do dano, o prejudicado não poderá intentar a ação civil de reparação dos prejuízos eventualmente sofridos. Ao contrário, se a lei civil, embora reconhecendo a licitude do fato, mencionar o efeito da reparação do dano, o prejudicado poderá intentar a *actio civilis ex delicto*. Assim, a absolvição criminal com base nas causas de exclusão da antijuridicidade, em regra, exclui o exercício da ação civil de reparação do dano. Só não o exclui quando a lei civil, embora reconhecendo a licitude do fato, determina a obrigação do ressarcimento do dano. Conforme Damásio Evangelista Jesus. **Código Penal Anotado.** 5ª Edição ampliada e atualizada. São Paulo: Saraiva, 1995, p. 82.

a) Arquivamento do inquérito policial ou das peças de informação

O processo criminal tem como finalidade garantir a paz social e reprimir as práticas delituosas.

O processo penal adota, em sua essência, o sistema misto. O sistema misto prevê a existência de uma fase investigatória preparatória e, ao depois, a fase judicial.

A primeira fase do sistema misto, qual seja, a fase investigatória tem seu início com a instauração de um inquérito policial ou em delitos de menor potencial ofensivo do termo circunstanciado de ocorrência.[45]

Durante a fase de investigação do crime, a Polícia Judiciária investiga a existência de crime e de sua autoria, ouvindo o acusado, a vítima, as testemunhas, realizando perícias, tudo no afã de propiciar ao Ministério Público subsídios para ajuizamento de uma ação penal.

Dependendo da situação do acusado, o inquérito policial deverá ser terminado no prazo de 10 (dez) dias, se este estiver preso e 30 (trinta) dias se este estiver em liberdade. Finaliza o inquérito com o relatório da Autoridade Policial.

Ultimado o inquérito policial, este é enviado a Juízo e distribuído. O Ministério Público tem três opções: a) poderá oferecer denúncia contra o acusado; b) poderá requerer novas diligências para esclarecer os fatos; e c) poderá requerer o arquivamento do inquérito.

O arquivamento do inquérito policial não impede a autoridade policial de realizar novas investigações sobre o fato e não transita em julgado, podendo ser reaberto quando se descobrirem novas provas.

Já, quando se menciona sobre as peças de investigação, necessário se faz afirmar que o inquérito policial não é indispensável para o oferecimento da denúncia, uma vez que tendo o Ministério Público em mãos os elementos de autoria e de materialidade do fato típico, não será necessário a instauração do procedimento inquisitorial.

Neste sentido, a decisão de arquivamento do inquérito, apenas e tão-somente, impede o prosseguimento regular da ação penal, todavia, não impede a vítima de ajuizar a ação penal, eis que não aprecia com força de coisa julgada a excludente.

---

[45] O termo circunstanciado de ocorrência foi adotado pelo nosso ordenamento jurídico através da Lei 9.099/95, que prevê a dispensa do inquérito policial e sua substituição pelo termo circunstanciado de ocorrência quando a pena máxima do crime for igual ou inferior a um ano ou uma contravenção penal.

Chama a atenção que nossa lei processual aduz que a sentença é que produz os efeitos da coisa julgada, eis que é imutável e indiscutível. O despacho de arquivamento de inquérito não produz este efeito, eis que, ao contrário da sentença transitada em julgado, permite a reabertura de inquérito policial.

Outro dado importante é que o inquérito policial é administrativo, inquisitivo e sigiloso. Diferentemente da ação penal que é judicial, bilateral, contraditória e pública em seus atos e termos.

b) Decisão que julga extinta a punibilidade

O Código Penal, em seu art. 107, enumera taxativamente quais são as causas extintivas da punibilidade.

A primeira causa extintiva da punibilidade é a morte do agente. Ocorrendo a morte do agente, morre com ele a ação penal, uma vez que a pena não pode passar da pessoa do criminoso por força de dispositivo de ordem constitucional. Conhecidíssimo é o brocardo jurídico do *mors omnia solvit*.

Todavia, na esfera cível, tal não ocorre, uma vez que a ação pode ser proposta pelos ofendidos contra os sucessores, herdeiros ou o espólio daquele que causou o dano.

Neste sentido, o ensinamento do professor Romeu de Almeida Salles Júnior (1996, p. 241), que diz que *"a morte determina o desaparecimento da persecutio criminis, a condenação e seus efeitos, subsistindo as conseqüências civis do delito. A herança do condenado responde pelo dano causado pelo crime. Trata-se de causa incomunicável"*.

Importante é de se ressaltar que a herança responde pelo pagamento das dívidas do falecido. Todavia, sendo efetivada a partilha dos bens, os herdeiros somente responderão pela dívida na proporção da parte que lhes coube na herança.

Esta regra é adotada no Código Civil Francês (arts. 724, 802 e 870), no Código Civil Português (arts. 2.068 e 2.071) e no Código Civil Argentino (arts. 3.342, 3.343 e 3.371), bem como no Direito Uruguaio (arts. 1.069 e 1.092).

Os herdeiros não responderão com seus bens pessoais, mas tão-somente com os bens recebidos e identificados no inventário, mantendo o *status quo ante mortem,* ou seja, a responsabilidade pelas dívidas do *de cujus* limita-se unicamente às forças da herança (bens recebidos).

Anote-se, ainda, que os herdeiros jamais responderão pelos encargos superiores às forças da herança. Aos herdeiros cabe a prova do excesso, demonstrando que as dívidas são superiores aos bens herdados.

A partilha define a responsabilidade individual de cada herdeiro, na proporção de sua cota hereditária. As dívidas do falecido pesam sobre os bens que este deixa e transmite. A responsabilidade do herdeiro é medida pela quantidade hereditária que lhe foi entregue.

A partir do momento em que é efetivada a partilha, cada herdeiro passa a responder, de forma individual, pela satisfação da dívida deixada pelo falecido, dentro da cota que lhe coube na partilha, ou seja, dentro das forças as quais recebeu de herança.

Esta regra também é adotada no Código Civil Francês (arts. 870 e 871), em Portugal (Código Civil arts. 2.097 e 2.098), na Argentina (Código Civil art. 3.940) e no Código Civil Uruguaio (art. 1.168).

c) Anistia, graça ou indulto

Anistia geralmente é concedida aos crimes políticos, por medida de política criminal. Trata-se de causa extintiva da punibilidade que compete à União, por meio de lei do Congresso Nacional.

A anistia, sendo concedida, apaga o crime e todas as suas conseqüências, qual seja, os efeitos da sentença penal condenatória, todavia não abrange os efeitos civis (dever de indenizar).

Já a graça é uma causa extintiva da punibilidade dirigida à pessoa determinada e, hoje, passou a ser tratada como sendo indulto individual; atinge os efeitos penais, não abrangendo os efeitos civis.

Cumpre salientar que nossa Constituição Federal não faz menção à graça, substituindo este termo por indulto.

d) Retroatividade da lei

A punibilidade do agente será extinta no campo penal quando a lei nova não mais considerar o fato como criminoso. Deixando a nova lei de considerar como ilícito penal o ato praticado pelo agente, por revogação tácita ou expressa, extingue-se o crime e todos os seus efeitos penais.

Observe-se, ainda, a título de esclarecimento, que somente retroagirá a lei mais benéfica ou a lei nova que deixa de incriminar a conduta, não retroagindo a lei nova mais prejudicial aos interesses do acusado.

e) Prescrição, decadência e perempção

A prescrição é causa extintiva da punibilidade que impede o Estado de exercer o seu *jus puniendi*, em virtude do decurso de tempo. Decorre da inércia do Estado em não punir o acusado nos prazos fixados para cada crime.

Sobre a prescrição é necessário afirmarmos que o Estado perde seu direito de punir quando existe demora ocasionada processualmente (*prescrição punitiva)* ou quando obtém o título executivo contra o acusado, mas não consegue executá-lo pela fuga do acusado (*prescrição executória)*.

Prescrição, nos ensinamentos de Damásio Evangelista de Jesus (1991, p. 619), é "perda da pretensão punitiva ou executória do Estado pelo decurso do tempo sem o seu exercício".

Já a decadência é um instituto processual encontrado nas ações públicas condicionadas ou nas ações privadas. Na primeira, o direito de punir pertence ao Estado, que necessita para seu exercício de autorização pela vítima (representação). Se a representação não for exercida pela vítima no prazo de seis meses, decairá do direito de ação.

Já nas ações privadas, o interesse particular prepondera sobre o interesse público, sendo o particular o detentor da legitimidade ativa. Age mediante queixa-crime que deverá ser apresentada dentro do prazo de seis meses, a contar da data que o ofendido toma conhecimento de quem é o autor do crime.

Ocorre a decadência, quando o ofendido não representa nas ações penais públicas condicionadas no prazo de seis meses, ou quando não ajuíza nas ações privadas a queixa-crime no prazo de seis meses.

Magalhães Noronha (1999, p. 325) nos ensina que:

> [...] a decadência é a extinção do direito de ação do ofendido pelo decurso do tempo. Por via de conseqüência, ela atinge o próprio direito de punir, uma vez que o Código Penal a inclui entre as causas extintivas da punibilidade. A decadência atinge o direito de agir, de forma direta, nos casos de ação penal privada, em que ocorre a decadência do direito de queixa; e de forma indireta nas ações penais públicas sujeitas à previa representação do ofendido, porque, desaparecido o direito de delatar, não pode agir o Promotor Público.

Quanto à perempção, este é um instituto próprio da ação penal privada. Ocorre a perempção quando o querelante deixa de dar regular andamento ao processo e o deixa paralisado por mais de trinta dias, quando deixa de pedir em alegações finais a condenação do acusado, quando falta, injustificadamente, a um ato processual que deva estar presente. Pode ser considerada como um desleixo, falta de zelo ou de cuidado do autor da ação penal privada.

Nas palavras de Alberto Silva Franco (1995, p. 243) a perempção pode ser conceituada como a *"sanção jurídica cominada ao querelante, consistente na perda, em face de sua inércia, do direito de demandar contra o querelado"*.

f) Renúncia

A renúncia é outra causa extintiva da punibilidade que ocorre unicamente nas ações penais privadas. Trata-se do ato unilateral do querelante que acontece antes do ajuizamento da queixa crime. Assim, não havendo ação penal, por conseguinte, não há que falar em punição.

Renúncia é, segundo Celso Delmanto (1991, p. 161), *"desistência de exercer o direito de queixa. Ela só pode ocorrer nas hipóteses de ação penal privada e antes de ser iniciada"*. Tourinho Filho (1998, p. 404) conceitua como sendo *"abdicação ao direito de queixa"*.

g) Retratação

Conceitua-se, conforme Alberto Franco (1995, p. 254), como sendo *"o ato jurídico pelo qual o agente do crime reconhece o erro praticado e o denuncia coram judicem"*. Para Romeu de Almeida Salles Júnior (1996, p. 250), a retratação se configura quando *"o agente admite que agiu erradamente. Compreende o ato de desdizer-se, retirando o que foi dito"*.

A retratação é um ato de arrependimento do autor do delito. Por ele, o autor confessa seu erro, e assim o fazendo fica isento de pena. Ocorre com muita freqüência nas ações penais privadas de crimes contra a honra e nos crimes de falso testemunho e de falsa perícia, onde se o acusado confessar seu erro, antes da prolatação da sentença em primeiro grau, ficará isento de pena.

h) Casamento do agente com a vítima

O casamento da vítima com o agente e a constituição de família regular livra a vítima da desonra e, com este ato, causa a reparação do mal causado.

É necessário que haja prova documental dessa ocorrência com a exibição da certidão de casamento, não sendo suficiente a manutenção de concubinato.

Por incrível que possa parecer, o casamento da vítima com seu ofensor faz desaparecer os efeitos penais do crime, todavia, não faz desaparecer o direito indenizatório, no caso de crime sexual com casamento regular.

Paulo José da Costa Júnior (1986, p. 499) comenta o instituto em estudo assinalando os seus efeitos:

> *[...] o casamento do agente com a vítima, nos crimes contra os costumes, poderá ser celebrado antes ou depois da condenação. No primeiro caso, extingue-se a pretensão punitiva, sem que se pronuncie qualquer decisão. Na hipótese restante, se a sentença tiver transitado em julgado, embora o* subsequens matrimonium *atue sobre a pretensão executória, a condenação subsiste, produzindo efeitos jurídicos.*

i) Casamento da vítima com terceiro

Primeiramente diferencia-se esta causa extintiva da punibilidade da anterior pelo fato de que extinguirá a punibilidade no caso de crime sexual praticado sem violência ou grave ameaça.

Em segundo lugar, somente se extinguirá a punibilidade se a vítima não requerer o prosseguimento da ação penal ou do inquérito no prazo de sessenta dias, contados a partir da celebração do matrimônio.

Esta causa extintiva da punibilidade visa a assegurar e resguardar a nova família, evitando-se o transtorno causado com o inquérito em curso ou com a ação penal em tramitação.

j) Perdão judicial

Neste tipo de causa de extinção da punibilidade, o juiz reconhece a prática do crime pelo agente, mas deixa de aplicar pena ao criminoso, desde que existam fatos ou circunstâncias previstas em lei, tornando-se desnecessária ou inconveniente a aplicação de qualquer sanção penal.

Pacificado está que o perdão judicial, apenas e tão-somente, incide na aplicação da pena principal e da acessória, tornando os demais efeitos como existentes, preservando, inclusive, o direito da vítima em postular os danos sofridos na esfera cível, mediante ação própria.

Jorge Romeiro (1965, p. 45) define o perdão como sendo:

> *[...] o instituto jurídico pelo qual o juiz, reconhecendo a existência de todos os elementos para condenar o acusado, não o faz, declarando-o não passível de pena, atendendo a que, agindo dessa forma, evita um mal injusto, por desnecessário, e o acusado não tornará a delinqüir; é aplicável a fatos cuja punição desagrada à consciência popular, como no caso de punição de adultério quando cessada a vida em comum.*

k) Atipicidade

Inicialmente é regra estampada em nosso direito que *não há crime sem lei anterior que o defina. Não há pena sem prévia cominação legal.*[46]

Não se considera crime o fato que não estiver previsto em lei penal. Ainda que o fato praticado pelo agente seja imoral, anti-social, desprezível ou danoso, não haverá possibilidade de aplicação de sanção penal, se tal comportamento não estiver rigorosamente previsto em lei.

O fato típico é o comportamento humano consistente em uma ação ou omissão que provoca resultado lesivo e é previsto como infração penal. Tem-se como atípico o fato quando *"existe a correspondência exata, a adequação perfeita entre o fato concreto e a descrição abstrata contida na lei penal"*, como lembra Júlio F. Mirabete (1996, p.133).

Pode ocorrer que o agente pratique um fato e que, na sua apuração, verifica-se que o mesmo é atípico. Todavia, não ficará prejudicada a ação civil quando esta conduta – mesmo não sendo tipificada como crime – causar prejuízo.

Modernamente, tem se considerado como crime a ação ou a omissão do agente praticada com dolo ou culpa que se ajusta perfeitamente ao tipo penal, analisando-se, sempre, o objetivo do agente, tendo em vista a aplicação da teoria finalista da ação.

l) Réu absolvido por falta de provas

Como se sabe, a sentença põe fim ao processo, esgotando o juiz sua função no processo. Assim, temos a sentença terminativa e a sentença definitiva.

---

[46] Código Penal, art. 1º.

A sentença terminativa põe fim ao processo sem apreciar seu mérito. Já a sentença definitiva põe termo à relação jurídico-processual, analisando e julgando o mérito.

No processo penal, temos a sentença de procedência, que já foi analisada neste trabalho, que faz nascer após o trânsito em julgado o título executivo judicial.

Já a sentença de improcedência, quando esta reconhece categoricamente que o fato não existiu, opera a coisa julgada na esfera cível. Assim, a ação civil, nesta hipótese, sequer pode ser ajuizada, uma vez que o juízo penal reconheceu que não houve qualquer fato. Neste sentido, temos que *"a sentença que reconhece, categoricamente, a inexistência material do fato impede a propositura da ação civil"*.[47]

Sobre o tema, com muita propriedade, temos a seguinte lição de Mossin Filho (1999, p. 406) *"a inexistência material do fato a que se refere o legislador penal diz respeito aos fatos ou imputação vertida na denúncia ou queixa, não guardando nenhum liame com o elemento normativo do tipo nem com a comprovação do* corpus delicti *(elementos sensíveis do crime)"*.

O art. 386 do Código de Processo Penal disciplina quais as hipóteses que o réu deve ser absolvido. Se o acusado for absolvido por não haver prova da participação do acusado, não existir prova de que o acusado participou da ação delituosa, o ofendido pode propor a ação civil, chamando para si o ônus probatório na esfera cível.

Neste sentido, podemos citar que *"a absolvição na ação penal que resultou em insuficiência de provas na esfera civil não impede a apreciação de culpa na esfera civil"*[48] e, ainda, o julgado do Tribunal de Alçada Criminal do Estado de São Paulo, na esteira de que *"não tendo sido reconhecido categoricamente a inexistência material do fato (acidente de trânsito e o evento homicídio e lesões corporais), nem que o réu não foi o autor dos crimes culposos, tal sentença não faz coisa julgada no cível"*.[49]

8.5. Titularidade ativa e passiva para execução da sentença

A ação de execução da sentença penal condenatória, já transitada em julgado, ou a ação civil *ex delicto* e, também, a ação de indenização na esfera civil pode ser

---

[47] Conforme STF, RTJ 52/136.

[48] Ver RTJ 77/516.

[49] Ver RT 560/100.

proposta pelo ofendido ou por seu representante legal. Assim, conforme Damásio de Jesus (1994, p. 241) *"transitada em julgado a sentença penal condenatória, a sua execução no juízo cível visa ao* quantum *da reparação, podendo ser promovida pelo ofendido, seu representante legal ou seus herdeiros"*.

As ações aqui nomeadas, por serem de pretensão unicamente de caráter civil, com repercussão no patrimônio do ofensor ou mesmo de terceiro, na falta do ofendido por morte, ocorrerá a sua substituição por seus herdeiros, conforme dispõe o art. 63 do Código de Processo Penal.

Ensina Mirabete (1996, p. 264) que *"a ação deve ser, em princípio, proposta pelo ofendido titular do bem jurídico lesado. Se for incapaz, deve ser movida por seu representante legal (pai, tutor ou curador). Morto o ofendido, a ação deve ser proposta por seus herdeiros"*.

Questão intrigante é a que tange sobre a legitimidade passiva para figurar na ação civil *ex delicto* ou na execução da sentença.

Todavia, quando tratamos sobre a ação civil *ex delicto,* necessário se faz ressaltar que a execução da sentença penal condenatória somente pode atingir a pessoa que foi parte no processo penal.

Quando se deseja atingir terceiros, o prejudicado deverá propor a competente ação de indenização na esfera cível, utilizando a sentença penal condenatória, apenas, como elemento de convicção e de esclarecimento ao magistrado da esfera civil. Os efeitos da condenação apenas atingem a pessoa que figurou no pólo passivo do processo criminal.

Tal fato ocorre nos casos da responsabilidade dos pais pelos seus filhos menores, o tutor e o curador pelos seus tutelados ou curatelados, o patrão, amo ou comitente por seus empregados serviçais, donos de hotéis, hospedarias.

Nestes casos, exemplificadamente, temos uma empresa que contrata um motorista para transportar passageiros até determinada localidade. No percurso, o ônibus sofre um acidente e pessoas ficam lesionadas e outras morrem. O motorista é condenado na esfera criminal. Neste caso, os ofendidos somente poderiam usar a sentença penal condenatória contra o motorista do ônibus. Se desejassem responsabilizar a empresa – *vg.* por ato de seu empregado – deveriam propor a ação civil de indenização contra a empresa, utilizando o título obtido contra o motorista para demonstrar a culpa *in eligendo* da empresa.

Esta posição é defendida pela professora Ada Pellegrini Grinover (1995: p. 46). Em sentido oposto, considerando que a sentença penal condenatória induz à responsabilidade de terceiro, temos a posição do professor Ruy Sérgio Rebello Pinho (1987: pp. 195-205) .

Com efeito, entendemos que a sentença penal condenatória não pode atingir pessoas ou empresas que não fizeram parte do processo criminal. Além do mais, o texto civil faz menção ao autor do crime e a posição do reconhecimento da responsabilidade solidária no campo do processo penal é violação ao princípio do devido processo legal e da amplitude de defesa.

8.6. Legitimidade do Ministério Público

O art. 68 do Código de Processo Penal prevê a legitimação do Ministério Público para a propositura da ação civil e para a execução da sentença penal condenatória já transitada em julgado.

Para tanto, quando o ofendido for pobre, permite-se a substituição processual pelo *Parquet,* uma vez que este defende direito alheio.

Para que haja a legitimação do Ministério Público, torna-se necessário que o ofendido seja pobre. O conceito de pobreza é adotado pelo nosso ordenamento jurídico, conforme Mirabete (1994, p.161) é:

> *[...] aquele que não pode suportar as custas do processo (honorários e custas) sem prejudicar os recursos indispensáveis ao próprio sustento ou da família (habitação, alimentação, vestuário, educação, transporte, etc.). Não desfigura o estado de pobreza possuir o interessado alguns bens, mesmo imóveis, especialmente se for para uso próprio ou da família. O decisivo é verificar se ele pode ou não arcar com os encargos de uma ação penal sem se privar do necessário à subsistência própria ou da família.*

Para a comprovação da pobreza do requerente, basta um atestado da autoridade policial em cuja cidade ou bairro que residir o ofendido. Atualmente, o estado de miserabilidade do acusado é firmado por simples declaração assinada pelo requerente.

Além disso, comprovada a pobreza e miserabilidade do ofendido, pode o Ministério Público patrocinar a ação civil *ex delicto*, promover a execução da sentença penal condenatória. Apesar de alguns juristas e doutrinadores sustentarem com bastante veemência que o art. 68 do Código de Processo Penal está revogado pela Constituição Federal, o Supremo Tribunal Federal, em recente julgado, afirmou textualmente[50] que o Ministério Público continua parte legítima para promover, em juízo, a reparação dos danos de que trata o art. 68 do Código de Processo Penal.

A mesma posição é defendida por Ada Pellegrini Grinover (1994, p. 05) que sustenta que o art. 68 ainda está em vigor, uma vez que amparado pelo art. 129, inciso IX, combinado com o art. 197 da Constituição Federal.

Em sentido contrário, argumentando que o Ministério Público não é legitimado para o exercício da ação civil *ex delicto* e da execução da sentença penal condenatória, encontramos árduos defensores que comungam da idéia de que referido dispositivo legal estaria revogado pela existência e criação da Defensoria Pública órgão essencial à função jurisdicional do Estado incumbido da defesa em todos os graus dos necessitados.[51]

Dentre estes defensores encontramos a posição de Eugênio Pacelli de Oliveira (2002, p.144) que assim se manifesta:

> *[...] embora não se possa deixar de incluir a pobreza entre os interesses sociais, sobretudo diante de sua gigantesca abrangência no País, o fato é que a intervenção do Ministério Público, sobretudo no campo da iniciativa processual – mas também como custos* legis *– somente se legitima a partir de uma contextualização coletiva ou difusa dos interesses individuais, não sendo permitida no âmbito da tutela exclusivamente particular, como ocorre na hipótese do art. 68 do CPP.*

Muito embora seja sedutora a tese defendida por Ada Pellegrini Grinover, entendo que a intervenção do Ministério Público ao patrocinar a ação civil *ex delicto* deve ser afastada, uma vez que, nestes casos, não se consegue visualizar o interesse difuso ou coletivo, mas sim o de algumas pessoas envolvidas no evento.

No art. 133 da Constituição Federal é taxativo que o advogado é indispensável à administração da Justiça, cabendo ao advogado propor as ações necessárias à defesa de seus constituintes. Necessário se faz colocar, ainda, que, no caso de a vítima ser pobre, não necessita ela de amparo ou proteção do Ministério Público; eis que em alguns estados brasileiros já existe a Defensoria Pública e no Estado de São Paulo um convênio mantido entre a Procuradoria Geral do Estado e a Ordem dos Advogados do Brasil, visando à defesa dos interesses das pessoas que não podem constituir advogado por falta de recursos financeiros.

---

[50] RE AgRg 196.857-SP, rel. Ministra Ellen Gracie, 6-3-2001- Informativo do STF 219.
[51] Para estes defensores o art. 68 do Código de Processo Penal está revogado pelo art. 134 da Constituição Federal.

a) Suspensão da ação civil

Como visto, nosso ordenamento jurídico não adotou a teoria da cumulação, onde a jurisdição penal decidiria sobre a aplicação de pena e a indenização devida à vítima.

Conforme Damásio Evangelista de Jesus (1995, p. 81), *"na ação civil de reparação de danos, o ofendido pode escolher entre aguardar o desfecho da ação penal ou ajuizar a ação civil ordinária de reparação de danos".*[52]

Reafirme-se que nossa jurisdição adotou a separação entre a jurisdição civil e a jurisdição penal ressalvadas, evidentemente, as decisões de interpenetração.

Pode ocorrer que, concomitantemente, estejam em curso duas ações, apurando a responsabilidade de um agente pela prática de um ato ilícito penal.

A primeira, uma ação criminal e, a segunda, uma ação de reparação de danos. Nestes casos, se ambas estiverem em curso, pode ocorrer que ambas sejam julgadas e que ambas tenham desfecho diverso. Pode acontecer, por exemplo, que a ação

---

[52] Ainda, segundo o autor: "O art. 1.525 do CC diz que a responsabilidade civil é independente da criminal. Assim, o sujeito que pode ser absolvido no juízo criminal em face da prática de um fato inicialmente considerado delituoso e, entretanto, ser obrigado à reparação do dano no juízo cível. O agente pode ser civilmente obrigado à reparação do dano, embora o fato causador do prejuízo não seja típico. Assim, em regra, a responsabilidade do agente numa esfera não implica responsabilidade em outra. Em consonância com essa orientação, segundo a qual nossa legislação não adotou o sistema da absoluta separação entre ação penal e ação civil, o CPP, em seu art. 64, reza o seguinte: 'Sem prejuízo do disposto no artigo anterior (que trata da execução da sentença penal condenatória), a ação para o ressarcimento do dano poderá ser proposta no juízo cível contra o autor do crime e, se for o caso, contra o responsável civil. Em face da prática de um crime, o ofendido (representante legal ou herdeiro) pode agir de duas formas: a) aguardar o desfecho da ação penal. Transitando em julgado a sentença condenatória, pode ingressar no juízo cível com o pedido de execução para o efeito de reparar o dano; b) ingressar, desde logo, no juízo cível com a ação civil de reparação do dano *(actio civilis ex delicto)*. Se as duas ações (a penal e a civil) se encontram em andamento, aplica-se o disposto no art. 64, parágrafo único: 'Intentada a ação penal, o juiz da ação civil poderá suspender o curso desta, até o julgamento definitivo daquela'. A disposição visa impedir decisões contraditórias (Vide RIIC 57.967, STF, DJU 15.8.80, p. 5914). O despacho de arquivamento do inquérito policial ou de peças de informação não impede a propositura da *actio civilis ex delicto*, nos termos do que dispõe o art. 67, I, do CPP. Suponha-se que o Promotor de Justiça, embora reconhecendo que o indiciado causou prejuízo à vítima, considere que o fato não é típico constituindo mero ilícito civil pelo que requer o arquivamento do inquérito policial, sendo deferido o pedido pelo juiz. É claro que não fica o ofendido impedido de exercer a *actio civilis ex delicto*. A decisão que decreta a extinção da punibilidade não impede a propositura da ação civil de reparação do dano, em face do que dispõe o art. 67, II, do CPP. Tratando-se, porém, de ressarcimento do dano no peculato culposo, fica impedido o exercício da ação civil de reparação do dano por falta de objeto, uma vez que sua incidência pressupõe que o sujeito já tenha efetuado o ressarcimento dos prejuízos causados pelo delito.

penal absolva o acusado, mas, na esfera cível, ele seja condenado ao pagamento de indenização.

Necessariamente devem ser evitadas decisões contraditórias sobre um mesmo fato. Assim, o juiz da jurisdição civil pode suspender o curso do processo indenizatório até que, na esfera cível, a questão seja definitivamente julgada.[53]

Esta suspensão é de extrema eficácia na vida forense, isto porque, se a esfera penal decide pela condenação do agente, esta sentença penal condenatória servirá como título executivo, discutindo-se, apenas e tão-somente, o valor do pedido indenizatório. Por outro lado, se provada a existência de excludente ou a inexistência do fato que traduzem evidentemente na coisa julgada, o processo indenizatório será extinto. Por fim, se a decisão criminal pautar na absolvição do acusado por qualquer outro motivo que não os elencados até o momento, a ação civil voltará a seu curso normal.

Defendo não só a suspensão do processo civil, como também o caráter obrigatório, uma vez que tal solução evita decisões conflitantes, evita o desperdício do Poder Judiciário com a produção de duas provas sobre os mesmos fatos (uma na esfera cível e outra na esfera penal), evita o manejo de ações rescisórias e execuções precipitadas, não havendo prejuízo à vítima que mantém intacto seu direito de ação.

Assim, possível a suspensão do processo civil até o julgamento definitivo da lide penal. Todavia, a suspensão do processo civil é uma faculdade do juiz, que adota tal decisão quando o pedido de reparação dependa do reconhecimento na esfera penal da ocorrência de ato ilícito.

Além disso, o Código de Processo Civil, em seu art. 265, § 5º, estipula prazo para esta suspensão que não pode ser superior a um ano, e que, ultimado tal prazo, a ação civil deve ter seu prosseguimento normalizado.

Um julgado já decidiu sobre a viabilidade da suspensão do processo civil.[54]

---

[53] "Processual. Ação indenizatória dirigida contra quem, denunciado na esfera criminal, alega legítima defesa. Sobrestamento da ação civil até o julgamento final do processo penal. Medida de prudência. Exegese CPP, art. 64, parágrafo único. Ementa Oficial: Ação Indenizatória. Sentença prolatada por juiz que presidiu a audiência de instrução e julgamento. Ação civil contemporânea da ação penal. Sobrestamento daquela. Inexiste nulidade processual se, comprovadamente, o magistrado sentenciante presidiu a audiência de instrução e julgamento, inobstante outro o fizesse quanto aquela em continuação. Iniciada a ação civil contemporaneamente à ação penal, na qual é alegada a excludente de criminalidade da legítima defesa, impunha-se, por prudência e para evitar decisões díspares e inconciliáveis, o sobrestamento da *actio civilis ex delicto*, ao teor do regrado pelo art. 64, parágrafo único, do CPP, invocada, à primeira hora, pelo apelante."

[54] Ver Agravo de Instrumento nº 98.282-4 - Itapira - 8ª Câmara de Direito Privado - Relator: César Lacerda - 19.02.99 - V. U RESPONSABILIDADE CIVIL - Execução provisória - Existência de duas decisões ainda não definitivas, conflitantes, uma condenatória, da Justiça Cível, e outra absolutória, do Tribunal do Júri, que reconheceu a legítima defesa - Admissibilidade de suspensão da execução provisória, a fim de se aguardar a decisão criminal - Recurso provido para esse fim.

Quanto ao prazo prescricional, o Código Civil estipula o prazo geral de 10 (dez) anos para pleitear direitos. Todavia, ao tratar da responsabilidade civil, fixa o prazo em 03 (três) anos.[55]

Interessante é de se observar que, quando a ação se originar de fato que deva ser apurado no juízo criminal, não corre a prescrição, até que seja proferida a respectiva sentença definitiva.[56]

Trata-se de fato significativo, uma vez que o prazo prescricional do Código Civil fica subordinado à jurisdição penal, que é deveras demorada.

Interessante é de se assinalar que, neste caso, entendo que a ação civil para reparação de danos fica prejudicada, uma vez que a sentença definitiva de caráter condenatório constitui título executivo que será liquidada no cível.

Referido dispositivo só teria aplicabilidade no caso de absolvição do agente, no caso de extinção da punibilidade ou no caso de reconhecimento de atipicidade.

Encerrando, na prática, o prazo para a vítima ajuizar a ação de indenização ou de ressarcimento de dano terá um prazo muito maior do que o prazo de 3 (três) anos, previsto pelo novo ordenamento jurídico, vez que o prazo prescricional só passa a correr a partir da data em que a sentença penal transitar em julgado.

b) Distinções entre Restituição, Ressarcimento, Reparação e Indenização

Primordialmente, é de se consignar que a própria Constituição Federal Brasileira não obedece às distinções entre a restituição, a reparação e a indenização. O próprio texto constitucional utiliza o vocábulo indenização para qualquer tipo de pedido de natureza ressarcitória ou reparatória.[57]

A distinção, que doravante será feita, classifica os pedidos da seguinte maneira:

A restituição é a mais simples e completa satisfação do dano, uma vez que, nestes casos, a lesão do bem jurídico ocorre quando o ofendido se vê privado da livre utilização do bem, tendo como exemplos o roubo, o furto e a apropriação indébita, sendo tal pedido cabível no Código Civil (art. 1.543) e no Código de Processo Penal (arts. 119 e 120).

Hélio Tornaghi (1989, p. 78) é claro no sentido de que:

---

[55] Código Civil - Lei 10.406, de l0 de janeiro de 2002, art. 206, § 3º, inciso V.
[56] Conforme Código Civil, art. 200.
[57] Vide a respeito o art. 5º, inciso V da CF/88 e art. 68 do CPP.

[...] a mais singela maneira de satisfação do dano é a restituição da coisa. Nos casos em que a diminuição do bem jurídico consistiu na privação de um objeto, como no furto, na apropriação indébita, a primeira forma de restaurar a situação do lesado está lhe repor nas mãos a res furtiva. *O Direito brasileiro ordena a restituição e a regula (CPP, arts. 119 e 120 e seus parágrafos; CC, art. 1.543). Entretanto, a mera reintegração do lesado na posse ou detenção da coisa não cobre toda a lesão, pois não paga a privação sofrida, embora temporária. Há mister ressarcir o dano por inteiro.*

Nas palavras de Marco Antônio Villas Boas (1991, p. 210), restituição *"é a transferência direta do bem para a mão de seu legítimo proprietário".*

Já o ressarcimento é uma composição com fundo patrimonial, com a compensação da vítima ante a amargura do prejuízo moral.

Para Júlio Fabbrini Mirabete (1995, p. 260), ressarcimento *"é o pagamento de todo o prejuízo causado à vítima (lucros cessantes, frutos), cobrindo todo o prejuízo causado".*

Na mesma esteira de pensamento temos Hélio Tornaghi (1989, p. 79) de que *"o ressarcimento é o pagamento do dano patrimonial, de todo o dano, isto é, do prejuízo emergente e do lucro cessante, do principal e dos frutos que lhe advieram com o tempo e o emprego da coisa".*

O ressarcimento do dano deve ser o mais amplo possível. Eugênio Pacelli de Oliveira (2002, p.135) afirma que *"o ressarcimento buscará satisfazer, além do dano emergente, também aquilo que o ofendido deixou de receber com a fruição do bem (lucros cessantes)".*

A reparação do dano é referente aos danos de caráter não patrimonial, beneficiando a vítima com o recebimento de valores por sua amargura moral.

Júlio Fabbrini Mirabete (1995, p. 261) ministra preciosa lição no sentido de que a reparação *"é cabível quando o dano não for ressarcível por não estar estimado em dinheiro, por não ter caráter patrimonial, há necessidade de compensação do dano que sirva para repará-lo, para confortar a dor, para contrabalançá-la. É a reparação em seu sentido estrito, forma de compensação do dano moral".*

Heráclito Mossin Filho (1999, p. 395) ensina que:

[...]a expressão reparação do dano tem um endereçamento específico: cuida do denominado dano moral, que se verifica através de fatos humanos que conduzem a lesões em interesses alheios, juridicamente protegidos, mas que atingem a reserva psíquica do ofendido, buscando repassar ao mundo dos fatos a teoria explicitada, tem-se por possível a ocorrência de dano moral quando exemplificadamente a vítima é caluniada, difamada ou injuriada, ou tem de qualquer maneira prejudicada a imagem que dela faz a sociedade.[58]

Por fim, indenização, conceitualmente, conforme Júlio Fabbrini Mirabete (1995, p. 261), *"é o meio de compensar o dano de ato lícito do Estado que, entretanto, é lesivo ao particular"*.

"Prejuízos sofridos pela ação do Estado contra terceiros" é o conceito de indenização atribuído por Marco Antônio Villas Boas (1991, p. 210)[59].

Já para Eugênio Pacelli de Oliveira (2002, p.135) indenização é *"modalidade de recomposição patrimonial do dano causado por ato lícito do Estado (desapropriações)"*.

d) Reparações Específicas no Direito Pátrio.

Nosso Código Civil tem dispositivos específicos para a reparação de dano em alguns casos.

No caso de homicídio, aplica-se o art. 948, excluindo-se a reparação por dano moral, uma vez que a ofensa à honra somente por este pode ser sentida e não seus sucessores, não podendo sentir o falecido diminuição em sua auto-estima ou

---

[58] Heráclito Mossin Filho continua na mesma linha ao ensinar que, *"consoante o exposto acima, assume o dano moral dois sentidos: 1º - Interno – quando o lesado padece em termos subjetivos, ou seja, sente-se diminuído em sua auto-estima e valoração com ou sem repercussão somática; 2º - Externo – a partir do momento em que se deprecia a imagem do ser humano objetivamente, isto é, a situação pela qual a sociedade repercute negativamente circunstâncias que envolvem determinada pessoa, igualmente com reflexos sobre ela"*. Assim sendo, sofre dano moral quem é desvalorizado no meio social em virtude de aleijão, como também é vítima, com nuanças externas, aquele que tem objetivamente depreciada a condição social em face de uma calúnia, difamação ou injúria. Tanto no sentido interno, como no sentido externo, existe prejuízo de ordem moral e dor psíquica, apenas com a diferença quanto à origem dos males, se primacialmente interno (subjetivo) ou externo (objetivo).

[59] VILLAS BOAS, Marco Antonio. Op. cit., p. 210.

honorabilidade, no conceito que tinha na sociedade ou valor social, que somente pode ser pleiteada em crime contra a honra.

No caso de homicídio, são devidas as despesas com o tratamento da vítima, seu funeral e o luto da família. Deverá, ainda, o ofensor prestar alimentos às pessoas a quem o morto devia, levando-se em conta a duração provável da vida da vítima.

Em sede de lesões corporais, aplica-se o art. 949, desde que resulte basicamente na perda ou inutilização de membro ou deformidade permanente, ressarcindo a vítima por danos decorrentes de sua depreciação de imagem. Prevê o Código o pagamento das despesas com o tratamento e dos lucros cessantes até o final da convalescença.

No caso da lesão grave (aleijão ou deformidade permanente), caso o ofendido não possa voltar a ocupar seu trabalho, será devida também uma pensão. O prejudicado pode exigir que a indenização seja paga de uma só vez.

Observe-se, por fim, que, no caso de repulsa de agressão perpetrada pelo ofendido, e o ofensor age em legítima defesa, a indenização não será devida.

Quanto aos crimes culposos cometidos por médicos, cirurgiões, farmacêuticos, parteiras e dentistas aplica-se o art. 947. No primeiro caso, deverão estes refazer a cirurgia, e se esta por qualquer motivo não puder ser realizada, a obrigação será transformada em pecúnia.

Nos crimes contra a honra (art. 953), o ordenamento civil prevê a reparação do dano que causou ao ofendido. Caso não se possa apurar o prejuízo, o juiz deve fixar com eqüidade a indenização, conforme as circunstâncias do evento.

8.7. Fixação de indenização no caso de homicídio

Disciplina o Código Civil as indenizações devidas em caso de homicídio, nos casos de lesão ou de ofensa à saúde, dos médicos, do esbulho ou da usurpação e a devida por injúria, calúnia ou difamação e a indenização por ofensa à liberdade pessoal.

Primeiramente, no caso de homicídio conforme art. 948, – desde que não ocorra causa excludente da criminalidade – a indenização, sem excluir a indenização por dano moral, consistirá no pagamento pelo ofensor das despesas realizadas com o tratamento da vítima, seu funeral e o luto da família, bem como na prestação de alimentos às pessoas a quem o morto devia, levando-se em conta a duração provável da vida da vítima.

8.8. Fixação de indenização nos casos de lesão ou de ofensa à saúde

No caso de lesão ou outra ofensa à saúde, o art. 949 dispõe que o causador do dano fica obrigado a pagar indenização referente às despesas havidas com seu tratamento e dos lucros cessantes até o fim da convalescença, não sendo excluída outra indenização por ventura existente.

No caso de lesão causada pelo ofensor, que cause ao ofendido impossibilidade de exercer seu trabalho ou profissão, ou de ofensa que cause diminuição em sua capacidade laborativa, conforme o art. 950, a indenização, além de conter os valores relativos às despesas com tratamento até o final da convalescença, bem como os lucros cessantes, incluirá o pagamento de pensão correspondente à importância do trabalho que a vítima se inabilitou ou considerando outro critério que é a depreciação na capacidade laborativa que foi abalada. O ofendido ainda pode optar se deseja que a indenização arbitrada seja paga de uma só vez[60].

8.9. Fixação de indenização nos casos de lesão ou de ofensa à saúde

Quanto à responsabilidade dos médicos, dentistas, parteiras, anteriormente prevista no Código Civil de 1910, foi esta contemplada pelo novo ordenamento jurídico, em seu art. 951, com a roupagem de que a indenização devida, se causada por imprudência, negligência ou imperícia que cause a morte do ofendido ou lhe produza lesão que o impossibilite para o exercício laboral, mesmo agravando o mal apresentado, será tutelada da mesma forma que os arts. 948, 949 e 950.

Desta maneira, os referidos profissionais estão sujeitos ao pagamento de valor monetário, no caso de homicídio, no pagamento pelo ofensor das despesas realizadas com o tratamento da vítima, seu funeral e o luto da família, bem como na prestação de alimentos às pessoas a quem o morto devia, levando-se em conta a duração provável da vida da vítima.

No caso de lesão corporal, consiste no pagamento das despesas com o tratamento e dos lucros cessantes até a convalescença, além de outra indenização, esta, no caso, por dano moral.

Por fim, a responsabilidade destes profissionais, no caso de defeito que impossibilite a vítima de exercer seu ofício ou profissão, ou no caso de diminuição da

---

[60] Ver Novo Código Civil, art. 950, parágrafo único.

capacidade laborativa, ficam sujeitos ao pagamento de indenização que compreenderá o pagamento com as despesas com tratamento até o final da convalescença, bem como os lucros cessantes, incluirá o pagamento de pensão correspondente à importância do trabalho que a vítima se inabilitou, ou considerando outro critério que é a depreciação na capacidade laborativa que foi abalada.

8.10. Fixação de indenização em casos de calúnia, injúria e difamação

Tutela o Novo Código Civil, no art. 953, a reparação do dano em casos de calúnia, injúria e difamação.

Obriga o ofensor a reparar o dano causado, devendo o ofendido provar o prejuízo causado, adotando o Código a regra da responsabilidade aquiliana ao exigir prova do dano e do prejuízo.

Quando o ofendido não puder provar o prejuízo, a fixação da indenização ficará ao critério do magistrado, que deverá fixá-la de forma eqüitativa, em conformidade com as particularidades do caso.

O Novo Código Civil, em seu art. 954, inova ao tutelar as verbas devidas no caso de ofensa à liberdade pessoal do ofendido.

8.11. Fixação de indenização em casos de atos ofensivos à liberdade pessoal, cárcere privado, prisão por queixa ou denúncia falsa, má-fé e prisão ilegal

Considera a nova legislação como atos ofensivos à liberdade pessoal, o cárcere privado, a prisão por queixa ou denúncia falsa e de má-fé e a prisão ilegal.

Nestes casos, a indenização consiste no pagamento de perdas e danos que o ofendido sofrer e, se este não puder prová-los, a fixação da indenização ficará a cargo do magistrado, atendendo às particularidades do caso.

a) Composição dos Danos Civis

A Lei 9.099/95 foi criada no Brasil para julgar os crimes de menor potencial ofensivo e as contravenções penais.

As infrações penais de menor potencial ofensivo, segundo o texto de lei, são todas as infrações penais em que a lei penal, para o tipo, preveja máxima igual ou inferior a um ano.

A compensação dos danos civis, quando ocorrer, será reduzida a escrito e homologada pelo juiz competente e será considerada como título executivo que poderá ser executada no juízo cível competente.

Havendo a composição civil dos danos, mediante sentença homologatória do juiz, acarreta a renúncia ao direito de queixa ou de representação, devendo ser extinta a punibilidade.

Na esfera penal, precisamente nos Juizados Especiais Criminais, designa-se uma audiência de conciliação, onde o Magistrado procura a composição dos danos civis (reparação dos danos) e a aplicação de pena imediata, evitando-se a pena carcerária.

A composição dos danos civis constitui obviamente uma medida de despenalização, uma vez que obtida retira do ofendido o direito de ingressar com a queixa-crime ou de oferecer a representação nos crimes de ação penal pública condicionada.

Sobre o tema é precisa a lição de Ada Pellegrini Grinover, Antônio Fernandes e Luiz Flávio Gomes (1995, pp. 104-105):

[...] as formas de autocomposição a que a conciliação pode conduzir são a renúncia, a submissão e a transação. Na primeira, o titular da pretensão cede, deixando de exigir a tutela dos direitos ou interesses de que se entendia possuidor. Na submissão, é o titular da resistência que cede à pretensão oposta, reconhecendo-a. Ambas – submissão e renúncia – são formas de concessões unilaterais, por isso mesmo mais raras do que a transação. Já nesta há concessões bilaterais, mútuas e recíprocas, desistindo cada titular em conflito de parte de suas pretensões. Com relação à conciliação dos Juizados Especiais Criminais, no campo civil, esta poderá tanto levar à transação, à renúncia e à submissão. Mas, no campo penal é sempre transação.

8.12. Aspectos Processuais da Liquidação de Sentença da *Actio Civilis Ex Delicto* em Conformidade com a Lei 11.232/05

Primeiramente, conforme foi analisado nos itens anteriores, a sentença penal condenatória não possui o atributo da liquidez. Em razão disso, o interessado deve, antes de promover a execução do julgado, apurar o montante indenizatório.

Para tanto, deve socorrer-se da liquidação da sentença que deve ser processada e apresentada junto ao Juízo Cível. Neste caso, o interessado deve proceder à liquidação da sentença através de artigos de liquidação, haja vista a necessidade de se alegar e provar fato novo, *ex vi* do art. 475 – E do Código de Processo Civil. A liquidação por artigos é utilizada quando, para apuração do valor devido, o interessado deva demonstrar a ocorrência de fato, observando-se o procedimento comum. Caso o interessado já possua o valor a ser pretendido através da ação indenização, bastará ele requerer que a liquidação seja realizada por arbitramento ou mesmo por simples cálculos aritméticos, onde deve ser acompanhada de prévio demonstrativo dos valores apurados, apresentados de forma discriminada.

Deverá a parte, para ingressar com o pedido de liquidação de sentença, munir-se de competente carta de sentença, extraída do processo criminal, demonstrando a ocorrência da sentença condenatória e sua competente certidão de trânsito em julgado. Deve ser salientado que pode o interessado optar por simples certidão cartorária de inteiro teor da decisão criminal, acompanhada da certidão do trânsito em julgado, para a configuração do título executivo judicial.

Saliente-se que, a ação de liquidação de sentença deve ser apresentada no juízo cível onde a infração penal foi praticada, podendo o interessado, se assim o desejar, a teor do art. 94 do Código de Processo Civil, propor a ação de liquidação de sentença junto ao domicílio do réu.

Interessante é a posição adotada pelo professor Yussef Said Cahali, ao analisar a possibilidade de decretação de prisão por dívida alimentar oriunda de fato ilícito criminal, onde, para o emérito autor, *"inadmissível, assim, a sua cominação (prisão) determinada pela falta de pagamento de prestação alimentícia decorrente de ação de responsabilidade* ex delicto*" (DOS ALIMENTOS, p. 631)*.

Realizada a liquidação da sentença, passa-se ao cumprimento da sentença, adotando-se, se for o caso, a tutela específica para cumprimento da obrigação. Caso não seja requerida a execução no prazo de 06 (seis) meses, o feito será arquivado.

Neste caso, o devedor será intimado na pessoa do seu advogado, tendo o prazo de 15 (quinze) dias para pagar o valor reclamado, sob pena de multa de 10% (dez por cento) e expedição de mandado de penhora e avaliação de bens, podendo oferecer sua resposta através de impugnação, também no prazo de 15 (quinze) dias. Deve ser acrescido que caso o devedor alegue excesso de execução, deve ele, de pronto, apresentar o valor que entende devido, sob pena de rejeição liminar da defesa. Este pedido de impugnação não tem efeito suspensivo e, se rejeitada ou acolhida, o recurso cabível será o agravo de instrumento.

9. REVISÃO CRIMINAL E DIREITO INDENIZATÓRIO

9.1. Introdução

O ordenamento jurídico pátrio prevê a revisão das sentenças condenatórias já transitadas em julgado, desde que sejam estas de natureza condenatória. Com isso, o legislador brasileiro preocupa-se ao extremo com a ocorrência do chamado erro judiciário.

9.2. A coisa julgada criminal

O processo penal pátrio tem como nascedouro o recebimento da denúncia pelo juiz. Após o réu ser interrogado e apresentar, se assim o desejar, o rol de testemunhas, o processo criminal é instruído com a oitiva das testemunhas arroladas pela acusação e pela defesa.

Após o prazo de vinte e quatro horas, é assinalado um novo prazo de vinte quatro horas para apresentação de diligências suplementares.

Com as alegações finais escritas, o processo será enviado à conclusão para o juiz, para que ele profira sua decisão.

Desta decisão, chamada de sentença, cabe o recurso de apelação que será julgado pela instância superior, o Tribunal colegiado, seja o Tribunal de Justiça ou Tribunal de Alçada.

Não havendo recurso desta decisão, ou depois de esgotados todos os reclamos para as Instâncias Superiores, ocorre a coisa julgada criminal ou a chamada trânsito em julgado da decisão.

Eduardo J. Coutoure (1981, p. 401) ensina que a coisa julgada é *"a autoridade e eficácia de uma sentença judicial quando não existirem contra ela meios de impugnação que permitam modificá-la"*.

Coisa julgada nada mais é do que uma decisão imutável ou irrevogável. Nas palavras de Frederico Marques (1970, p. 69), a sentença definitiva não mais sujeita a reexames recursais transforma a *res judicanda* em *res judicata* e a vontade concreta da lei, afirmada no julgado, *"dá ao imperativo jurídico, ali contido, a força e a autoridade de lei especial entre as partes, no tocante ao litígio jurisdicionalmente decidido e solucionado"*.

9.3. Revisão Criminal

Uma vez proferida a sentença penal e, sendo ela condenatória, não mais passível de impugnação por meio de recursos, o Código de Processo Penal permite ao sentenciado, em algumas hipóteses expressamente previstas em lei, manejar a ação de revisão criminal.[61]

A finalidade da revisão criminal é rescindir a sentença penal condenatória, transitada em julgado, tendo como objetivo anular o processo, diminuir a penalidade imposta ou mesmo absolver o revisando.

---

[61] Neste sentido ver STJ – HC 8.651 – SP – 6ª T. – Rel. Min. Vicente Leal – DJU 04.10.1999 – p. 109: REVISÃO CRIMINAL – PRESSUPOSTO – PROCESSO FINDO – CONHECIMENTO – A revisão criminal tem como pressuposto de admissibilidade o trânsito em julgado da sentença condenatória que se pretende reformar ou desconstituir, *ex vi* do art. 621, do CPP que prevê tal instrumento processual para rever "processos findos". Constatado o trânsito em julgado da sentença condenatória, impõe-se o exame do mérito do pedido de revisão criminal. *Habeas corpus* concedido.

Ao contrário da ação rescisória prevista no Código de Processo Civil, a ação revisional no Direito Processual Penal não tem prazo para sua propositura. Já no Direito Processual Civil, a lei fixa o prazo de até 2 (dois) anos após o trânsito em julgado da decisão.

Revisão Criminal, na definição de Hélio Tornaghi (1981, p. 385), *"é o remédio dado pela lei para o desfazimento da coisa julgada no caso de ser ou ficar evidente a ocorrência do erro judiciário"*.

Na Roma Antiga, dominava um princípio que, quando por um mesmo fato se exercitavam ações sucessivamente, podia se opor à segunda exceção de coisa julgada.[62]

Na Espanha, a revisão criminal também é prevista e conceituada por Fenech (1974, p. 361) como *"o recurso excepcional, que pode ou deve ser interposto sem limitação de prazo, encaminhado a obter um novo exame de sentença condenatória firme, quando se produzem ou se tenha conhecimento de haver se produzido os eventos que em qualidade de pressupostos de sua admissibilidade estabelece a lei"*.

Na Itália, utilizando as palavras do professor Giovanni Leone (1982, p. 675), a revisão criminal é um meio de impugnação direto à eliminação de uma sentença de condenação passada em julgado e *"a conseqüente substituição de uma sentença de absolvição ou de despronúncia ou (limitadamente ao homicídio doloso, preterintencional ou culposo) de uma sentença de condenação por crime diverso, com base em sobrevindo elemento que demonstra a injustiça da sentença impugnada"*.

O erro judiciário tanto se pode verificar na condenação como na absolvição. Justiça é, sim, mandar em paz o inocente perseguido, mas é também castigar o culpado reconhecido como tal. A punição dos criminosos é condição da segurança geral e a autoridade pública trai a sua missão e compromete os mais altos interesses e deveres da sociedade quando tem contemplações com o crime.

Borges da Costa (1982, p. 376) ensina que *"a revisão criminal é o recurso por meio do qual se pede novo exame do caso julgado ou processo findo, no intuito de conseguir sua reforma total ou parcial"*.

---

[62] *"Sed si ex eadem causa saepius agatur, cum idem factum sit, exceptio vulgaris rei iudicate oponitur."* Porém, se por uma mesma causa se exercitar mais vezes a ação, sendo o fato o mesmo, se opõe a exceção vulgar de coisa julgada.

9.4. Revisão criminal *pro societatis*

A revisão criminal em prol da sociedade visa atingir decisões absolutórias, já transitadas em julgado, quando viciada por erro judiciário ou erro de procedimento.

O Código de Procedimento Penal russo, no capítulo XXXVII, que trata do procedimento relativo à reabertura de processo, fundada no descobrimento de novos fatos, admite, nas mesmas condições, a revisão *pro reo e pro societate,* mediante a norma processual inscrita no art. 373:

> *[...] a reabertura dos processos em que tivesse recaído sentença firme só será possível quando tiverem descoberto novos fatos, como são: (1) comprovação da falsidade das provas que serviram de fundamento da sentença; (2) prevaricação cometida pelos juízes que ditaram dita sentença; (3) todos os demais fatos que, por si mesmos ou em união dos comprovados anteriormente, provem a inocência do inculpado ou sua participação em um delito mais ou menos grave que determinou sua condenação. Consideram-se fatos novos aqueles que não pode conhecer o Tribunal ao ditar a sentença.*

Na legislação processual penal brasileira jamais se permitiu a revisão *pro societate,* mas somente a *pro reo.* Isso é afirmado, uma vez que o texto legal que tutela e disciplina o cabimento da ação revisional somente faz menção à sentença condenatória ou descoberta de novas provas de inocência.

Não se admite neste caso, no Direito Brasileiro, a interpretação extensiva ou a analogia *in mallan parten.*

9.5. Revisão *pro reo*

A revisão criminal, no Direito Brasileiro, tem cabimento quando visa corrigir o erro judiciário que ocasionou a prolatação de uma sentença penal condenatória já passada em julgado.

Uma vez absolvido o acusado e declarada sua inocência por decisão penal, já passada em julgado, já não é possível mais sua alteração com o intuito de prejudicar sua situação. Apenas o provimento jurisdicional de condenação é que pode ser submetido à revisão criminal.

A revisão é admitida somente em favor do condenado, e não mais em prejuízo dele, mesmo com o fim de fazer rescindir uma sentença de absolvição, sob qualquer pretexto e por qualquer motivo.

Enfim, como anotado por José Frederico Marques (1970, p. 77):

> *[...] as sentenças absolutórias, ao reverso do que se dá com as de condenação, encontram-se a coberto de qualquer ato rescisório ou revisional. Passando em julgado a sentença de absolvição, não há erro judiciário que torne possível, dentro das limitações objetivas e subjetivas da* res iudicata, *a derrogação do pronunciamento jurisdicional em que se declarou improcedente a acusação. Pouco importa que a sentença tenha sido proferida em processo manifestamente nulo ou que haja o Tribunal cometido flagrante injustiça ao absolver o acusado: o* ne bis in idem *funciona, aí, de maneira peremptória e absoluta.*

9.6. Hipóteses de cabimento

As hipóteses de cabimento do pedido revisional estão expressamente previstas no art. 621 do Código de Processo Penal, em seus três incisos, sendo tais hipóteses taxativas que não admitem ampliação.

Nesse sentido, Florêncio de Abreu (1945, p. 68) nos ensina:

> *Os casos especificados em que se faculta a revisão das sentenças condenatórias penais não são demonstrativos, mas taxativos. Conforme já acentuado, a ordem jurídica seria com freqüência perturbada, caso se não imprimisse conveniente estabilidade às decisões da justiça. Autorizar-se a reversão em qualquer caso, ou sob qualquer título, traria como conseqüência inevitável a desmoralização da autoridade da coisa julgada, pois os contínuos pedidos de revisão contra a maioria das decisões dariam a impressão de que os erros judiciários são coisa habitual.*

No mesmo sentido, ensina Eduardo Espíndola (2000, p. 367):

"Pois que a revisão criminal fere a autoridade da coisa julgada no interesse de firmar, pela ação dos órgãos judiciários próprios, o império da Justiça, que foi desatendida na decisão sujeita a reexame, ou por desconhecimento de provas só depois conhecidas, ou por má apreciação da então existente, ou por interpretação defeituosa da prescrição legal, bem se compreende a necessidade de delimitar, rigorosamente, o âmbito do cabimento daquele remédio processual, sem o que a instabilidade teria o grave dano de implantar a incerteza do direito afirmado pelos tribunais. Daí segue a conveniência de fixar, de modo expresso, os casos em que cabe a revisão, só a admitindo quando ajustada rigorosamente a esses casos taxativamente enumerados na lei.

Assim, é pacífico na doutrina que as hipóteses de cabimento da revisão criminal são aquelas taxativamente enumeradas pelo legislador, que serão a seguir examinadas.

Nossos Tribunais também têm posicionamento firme no sentido de que os casos de revisão criminal são taxativos, não podendo, em nenhuma hipótese, ser ampliados para situações que não foram previstas pelo legislador.

9.7. Sentença condenatória contrária ao texto expresso da lei penal

A sentença condenatória, como contrária ao texto expresso da lei penal, caracteriza-se sempre que a decisão ou não aplicar qualquer dos seus mandamentos, ou contestar a realidade do preceito formal da lei.

Para Bento de Faria (1960, p. 345):

[...] tal ocorre quando o decreto houver enfrentado o preceito legal, isto é, quando contestar a realidade do preceito formal da lei, ou não aplicar qualquer dos seus mandamentos nos termos por ela estabelecidos. É evidente que nesse caso a decisão não deve subsistir porque viola abertamente a lei e também a ordem pública e com ela não só o direito do condenado como o de todos, desde que à sociedade interessa, sejam suas leis observadas e cumpridas com fidelidade.

Assim, para ocorrer o *error in iudicando,* há necessidade de a sentença condenatória, transitada formalmente em julgado, opor-se, ofender ou desrespeitar o texto penal.

É interessante ressaltar que, de modo acertado, a jurisprudência tem-se voltado quanto ao não cabimento da revisão, quando a decisão tenha adotado posição colegiada, ainda que não predominante, mesmo porque não é função da revisão unificar jurisprudência.

Nesse sentido, têm entendido nossos Tribunais que "não cabe revisão da decisão que tenha adotado corrente jurisprudencial ainda que não predominante ou minoritária".[63]

O texto expresso da lei penal tem sentido abrangente. Compreende ele a norma incriminadora (parte especial) e as normas integrantes (parte geral). Assim, no primeiro caso, erro judiciário haverá, quer quando haja violação do preceito primário da norma, quer quando ocorra transgressão de seu preceito secundário.

9.8. Quando a sentença condenatória for contrária à evidência dos autos

Esse é outro pressuposto para o pedido de revisão, portanto, não basta que a decisão que deu provimento à pretensão punitiva seja simplesmente contrária à prova dos autos, mas que esta contradição seja clara e manifesta.

Para que haja afronta à evidência dos autos é necessário que a decisão não tenha base em qualquer elemento apurado e esteja em desacordo com todos os outros, justificadores de solução diferente.

Segundo Júlio Fabbrini Mirabete (1996, p. 724):

> *[...] nessa hipótese está a sentença que não se apóia em nenhuma prova existente no processo, que se divorcia de todos os elementos probatórios, ou seja, que não tenha sido proferida em aberta afronta a tais elementos do processo. A eventual precariedade da prova, que possa gerar dúvida no espírito do julgador na fase de revisão, não autoriza a revisão em face de nosso sistema processual.*

---

[63] Neste sentido ver RT 692/254.

Esse é o entendimento de nossos Tribunais:[64]

A revisão criminal só é cabível quando a sentença condenatória for contrária à evidência dos autos, ou seja, quando ela não tem fundamento em nenhuma prova colhida no processo. Não se autoriza, portanto, a revisão para vergastar uma suposta precariedade das provas ou, mais ainda, para pretender hierarquizar as provas produzidas, tais que umas prevaleçam sobre outras, em detrimento da faculdade judiciária de sua livre apreciação e da esfera própria – em via ordinária – de seu adequado controle, incluído o da suposta nulidade dessa prevalência.

Resumindo, a decisão será contrária à evidência dos autos quando não se basear na prova colhida no processo.

Não cabe à revisão criminal para se discutir dosimetria da pena[65] e muito menos para reapreciação da prova já produzida.[66]

9.9. Sentença condenatória fundada em depoimentos, exames ou documentos comprovadamente falsos

O pressuposto para acolhimento do pedido revisional é que a sentença condenatória proferida contra o condenado tenha sido baseada em falsidade documental, testemunhal ou pericial.

É possível que a rescisão da sentença condenatória se dê quando o *error facti in iudicando* provier de depoimentos comprovadamente falsos. Depoimento falso é aquele capaz de alterar a verdade real dos fatos pesquisados e buscados dentro do processo.

---

[64] RT 736/637.

[65] **PENAL – PROCESSUAL PENAL – RECURSO ESPECIAL – DOSIMETRIA DA PENA – REVISÃO CRIMINAL – IMPOSSIBILIDADE** – 1. O pedido da revisão criminal fundado exclusivamente na fixação da pena-base, que se pretende exacerbada, não encontra respaldo em nosso sistema penal. 2. Recurso especial conhecido e provido. (STJ – REsp 149589 – DF – 5ª T. – Rel. Min. Edson Vidigal – DJU 01.03.1999 – p. 358)

[66] **REVISÃO CRIMINAL** – Tendo o requerente interposto revisão criminal sob os fundamentos de sentença contrária à evidência dos autos, onde busca, na realidade, mera reapreciação da prova já enfrentada em acórdão proferido por este tribunal, não se conhece do pedido revisional. (TJRS – REV 698385622 – RS – 1º G. C.Crim. – Rel. Des. Marcel Esquível Hoppe – J. 05.03.1999).

Como exemplo, podemos citar que falsa será a prova pessoal, quando a testemunha que disse ter visto os fatos for cega; a que diz ter ouvido a discussão anterior à agressão se for surda; estar seu depoimento em discrepância com a prova material dos fatos (o laudo diz que o tiro atingiu a vítima na perna e a testemunha diz que foi no peito); quando, dos fatos típicos consumados, a testemunha disse tê-los presenciado, não se encontrava no local em que esses ocorreram, e assim sucessivamente.

A segunda previsão diz respeito à revisão, quando a decisão estiver baseada em exames comprovadamente falsos. Nesse caso, a palavra exame tem sentido de perícia, envolvendo, assim, toda prova destinada ao levar o juiz elementos instrutórios sobre normas técnicas e sobre fatos que dependem de conhecimento especial.

Portanto, a falsidade documental ocorrerá tanto quando o documento original for divorciado da verdade, quanto quando, posteriormente, ocorra modificação, total ou parcial, em seu conteúdo.

Nesse sentido, entende Fernando da Costa Tourinho Filho (1986, p. 348):

[...] não basta a existência de depoimento mendaz de exame ou documento falso. É preciso, isto sim, que o Juiz, ao proferir a decisão condenatória, tenha-se arrimado no depoimento, no exame ou documento comprovadamente falsos. Cabe ao requerente juntar o pedido à prova de falsidade, a fim de que o juízo revisório simplesmente se limite a constatar a falsidade. Se já foi reconhecida tanto melhor.

9.10. Descoberta, após a sentença, de novas provas de inocência do condenado

Neste caso, o cabimento da revisão criminal se fundamenta na descoberta posterior de provas da inocência do acusado. Exemplificando, caberia a revisão criminal cm um processo criminal quando, após o trânsito em julgado da sentença, surge um documento que inocenta o acusado ou uma testemunha presencial que não foi ouvida, ou uma circunstância desconhecida que faça com que o sentenciado não seja o autor do crime.

Pouco importa que esses elementos probatórios já existissem antes da sentença; podiam não ter sido produzidos, ou pela dificuldade de sua obtenção ou, mesmo, por entender, um ou outro, ser desnecessária sua produção.

Essa postura é semelhante à de José Frederico Marques (1970, p. 351):

> *[...] embora o pedido de revisão tenha por fundamento inicial a prova da completa inocência do condenado, pode suceder que a procedência do pedido seja apenas parcial, pois o julgamento da revisão criminal acabou por atender apenas em parte à pretensão formulada, para limitar-se a diminuir a pena. Isso, aliás, pode suceder em qualquer caso de revisão.*

De outro lado, conforme salientado por Júlio Fabbrini Mirabete (1996, p. 728):

> *[...] a revisão não é mera reapreciação da prova já examinada pelo Juízo de primeiro grau e, eventualmente, de segundo, exigindo, pois, que o requerente apresente elementos probatórios que desfaçam o fundamento da condenação. Há, na verdade, uma inversão do ônus da prova, e os elementos probatórios devem ter poder conclusivo e demonstrar cabalmente a inocência do condenado.*

A jurisprudência tem-se mostrado iterativa no sentido de que a revisão não serve de instrumento para a reapreciação ou reavaliação de prova, que já foi objeto pelo juízo do processo de conhecimento de natureza condenatória, de primeiro ou de segundo grau.

Assim, o condenado será inocente quando não tiver provado a existência do fato; quando o fato apontado for atípico; quando não for ele seu autor; quando houver alguma causa excludente ou dirimente de culpabilidade ou antijuridicidade e quando houver isenção de pena (inimputabilidade), menoridade penal e embriaguez completa, proveniente de caso fortuito ou força maior.

9.11. Descoberta, após a sentença, de circunstâncias que determinem ou autorizem diminuição especial de pena

As circunstâncias do crime são aqueles elementos meramente acessórios que, embora não integrando o crime, acabam influindo sobre ele, tornando-o mais brando ou mais grave e, de um modo geral, são encontradas na Parte Geral e Especial do Código Penal.

As circunstâncias previstas em lei poderão ser obrigatórias ou legais, arroladas na Parte Geral (arts. 61, 62 e 65), ou na Parte Especial como qualificadoras ou atenuantes.

Para a revisão só podem ser consideradas as circunstâncias legais comuns ou genéricas atenuantes e as causas de diminuição da pena previstas na Parte Geral do Código Penal e as circunstâncias legais especiais ou específicas compostas pelas causas de diminuição da pena elencadas na Parte Especial.

Esse é o entendimento de José Frederico Marques (1970, pp. 351-2):

Essa prova pode ter por objeto circunstâncias que transformem o crime qualificado em crime simples, ou este em delictum privilegiatum. *Na primeira hipótese cumpre ao condenado demonstrar, com novas provas, que determinada circunstância, agravadora do crime, realmente não se verificou, enquanto, na segunda hipótese, a prova versará sobre a existência de circunstâncias não apurada no processo condenatório. O pedido pode ter por escopo, também, a desclassificação do crime, de modo a impor-se ao réu pena mais leve.*

9.12. Conseqüências do acolhimento do pedido revisional

Julgado procedente o pedido revisional, o Tribunal poderá adotar três posturas: a) absolver o condenado; b)anular o processo; ou c) reduzir a pena imposta.

Todavia, jamais poderá agravar a situação jurídica do condenado.

9.13. Legitimidade ativa para revisão criminal

Consoante colocações que serão feitas a seguir, a revisão criminal tem que ser pedida por quem tenha legitimidade para provocar a instância penal.

Poderão requerê-la o próprio condenado ou procurador legalmente habilitado, o cônjuge, o descendente, o ascendente ou o irmão, e algumas doutrinas admitem a propositura da revisional pelo Ministério Público.

O princípio da legitimidade é do condenado, quando vivo, e no caso de sua morte assumiriam a titularidade ativa o cônjuge, o descendente, o ascendente e o irmão.

O próprio condenado, mesmo sem assistência de advogado, pode propor ação de revisão criminal.[67]

9.14. Direito indenizatório

Ocorrendo o erro judiciário ou quando o condenado permanece preso mais tempo que o determinado na sentença, o Estado deve indenizar o condenado.

Trata-se de norma imperativa preconizada no texto constitucional, conforme art. 5º, inciso LXXV, que postula que *"O Estado indenizará o condenado por erro judiciário, assim como o que ficar preso além do tempo fixado na sentença"*.

Como se pode observar, à saciedade, a vítima de errores *in procedendo* ou *in iudicando* tem direito, em nível de dogma constitucional, de obter uma indenização junto ao Estado.

À luz da norma infraconstitucional, preceitua o legislador ordinário, no art. 630, *caput*, do Código de Processo Penal que *"o tribunal, se o interessado o requerer, poderá reconhecer o direito a uma justa indenização pelos prejuízos sofridos"*.[68]

Consoante posicionamento de Luiz Antônio Soares Hentz (1995, p. 62):

> *[...] a partir da Constituição Federal de 5 de outubro de 1988, o direito do condenado à indenização ganhou novo* status *e foi pormenorizado de modo a abarcar o erro judiciário e a prisão além do tempo fixado na sentença (conforme art. 5º, inciso LXXV); é a constitucionalização de matéria que antes tinha assento na legislação subconstitucional, ou seja, no art. 630 do Código de Processo Penal. São novidades, em relação ao direito anterior, a indenização ao sentenciado que ficar preso além do tempo fixado na sentença (parte*

---

[67] Neste sentido, ver STJ – REsp 112.421 – SP – 5ª T. – Rel. Min. José Dantas – DJU 06.04.1998 – p. 147: **REVISÃO CRIMINAL** – Capacidade postulatória. Consoante dispõe o art. 623 do CPP, pode o próprio réu requerer a revisão criminal, independentemente da constituição de advogado.
[68] Neste sentido, ver RT 739/609 e RJDTACRIM 33/465-6: TACRSP: "Revisão. Erro judiciário. Peticionário condenado por crime que não praticou. Absolvição decretada. Direito a justa indenização por prejuízos sofridos. Comprovado que o peticionário foi condenado por crime que não praticou, imperioso que seja sanado o erro em virtude da condenação, reconhecendo-se, ainda, nos termos do art. 5º, LXXV (1ª parte), da CF, c/c art. 630 do CPP, o direito a uma justa indenização pelos prejuízos sofridos em decorrência do descrito condenatório e da submissão, indevida, ao cárcere".

final do inciso LXXXV) e o afastamento da restrição relativa à acusação privada (§ 1º do art. 630), dependendo apenas, doravante, da satisfação dos pressupostos gerais para o pedido em juízo. Veja-se que a incidência da nova regra não depende de ter havido prisão, bastando a condenação errônea para ser postulada a reparação de danos materiais e morais porventura decorrentes da atividade judiciária.

Vincenzo Manzini (1967, p. 727) diz que a natureza jurídica do dever indenizatório do Estado está em que a reparação pecuniária ao absolvido, a título de socorro, é um *"simples interesse protegido, e não um direito subjetivo, porque o reconhecimento de tal interesse depende da voluntária discrição do juiz, o qual é necessariamente aquele que considera a condição econômica do sujeito e a necessidade sua e de sua família".*

Para José Frederico Marques (1970, p. 361), seguindo a doutrina prevalente *"Reconhece-se, assim, àquele que foi vítima de condenação injusta, o direito subjetivo a uma indenização adequada pelos prejuízos sofridos em virtude da sentença condenatória".*

9.15. Dever do Estado

Ocorrendo o erro judiciário, o Estado deve indenizar o prejudicado pelos prejuízos sofridos. Tal afirmação deriva pela adoção da chamada teoria da responsabilidade objetiva, onde o condenado deve apenas provar o dano e o nexo causal, não havendo necessidade da prova de dolo ou culpa por parte do ente estatal, independentemente da apuração de culpa ou de dolo relativamente ao juiz que pronunciou a decisão condenatória revestida de *error in iudicando* ou *in procedendo.*

Por outro lado, no que concerne ao Estado, a obrigação jurídica de reparação se funda no risco social: reconhecido, sob certas condições, o erro, deve seguir-se a indenização, sem que a vítima do dano tenha que provar que o erro judiciário se deve a uma falta do serviço público.

Necessário se faz consignar que a indenização pelos prejuízos causados somente pode ser concedida, caso haja pedido por parte do condenado, uma vez que este direito indenizatório é índole subjetiva e deve haver pedido expresso no pedido revisional neste sentido.

9.16. Danos morais e materiais

Sem dúvida alguma, a condenação criminal abala demasiadamente o conceito de um indivíduo perante a coletividade, perante sua família e perante sua própria consciência.

Heráclito Antônio Mossin (1998, p. 529), analisando este aspecto, nos brinda com valiosa lição:

A condenação criminal afeta de maneira irreversível a honra daquele que foi objeto da reprimenda legal. Seu conceito diante da coletividade se vê abalado e menoscabado. Sua credibilidade muitas das vezes deixa de existir. Não há nada mais psicologicamente pior ser alguém submetido ao vexame da sanção penal e, às vezes, à própria enxovia, quando inocente. Ora, se a *persecutio criminis* em si já causa prejuízo de ordem econômica e moral ao imputado, que dirá sua condenação e, às vezes, o cumprimento da pena![69]

O condenado que for agraciado com o provimento de sua ação revisional tem direito à justa indenização pelos prejuízos ocasionados.

Tem ele direito à reparação dos danos materiais (os prejuízos causados por sua condenação) e lucros cessantes (concernente aos valores que o condenado deixou de auferir durante o tempo que permaneceu recluso).

Na ponderação de Eduardo Espínola (2000, p. 445):

[...] são contemplados todos os danos pecuniários resultantes da condenação, assim a cessação, durante certo tempo, de sua atividade remunerada, algum negócio seguramente deixou de realizar em virtude da imposição da pena, a perda do emprego, enfim, os prejuízos efetivos e os lucros cessantes, que se apuram em prejuízo pela certeza de não terem sido auferidos, exclusivamente, por causa da condenação.

---

[69] Heráclito Mossin complementa o ensinamento mostrando que *"como se isto não bastasse, há de se ponderar que a posterior absolvição do inocentemente condenado, via procedimento revisional, não apaga, absolutamente, a humilhação e o ultraje que sobre ele incidiu, assim como não faz com que ele recobre sua honra e dignidade perdidas quando da condenação. Sem dúvida, a indenização do dano moral é altamente devida, em conjugação com aquela material, porquanto corresponde ela ao preço da dor ou do sofrimento moral a que foi submetido o injustamente condenado, o qual, além de ficar, quando submetido ao vexame do cárcere, fora do carinho da família, se subjuga ao ambiente de promiscuidade que ele encerra, deteriorando sua personalidade moral".*

Além disso, conforme lembrado por Florêncio de Abreu (1945, p. 362):

[...] devem ser considerados no cômputo da indenização: (a) as quantias que o condenado foi obrigado a despender com seu processo, como o pagamento de custas, honorários de advogado, despesas de viagem para o comparecimento em juízo e, também, o que deixara de perceber pelo seu trabalho, para prestação de alimentos a sua família; (b) o dano que foi obrigado a ressarcir em virtude da sentença condenatória, sem possibilidade de repeti-lo de modo eficaz.

O dano imaterial é muito mais contundente e avassalador que o material ou patrimonial, já que o dinheiro não pode, efetivamente, repor a dor, o espanto, a vergonha, a injúria moral, e, às vezes, física, experimentada pela vítima do erro judiciário.

Logo, se o dano patrimonial, quando verificado, deve ser reparado, com muito mais razão e valor deverá também sê-lo o moral, que ofende o indivíduo em seu âmago, em seu espírito, parte mais sublime do ser humano inocentemente condenado.

Com efeito, a palavra "prejuízos" empregada no texto do art. 630, do Código de Processo Penal, embora tenha sido o mesmo promulgado nos idos de 1941, há de ser entendida em seu sentido amplo, para equivaler em dano ou ofensa, seja de ordem material ou moral, capaz de danificar ou desfalcar o patrimônio do inocente condenado.

Ora, não seria crível interpretar a expressão jurídica sob consideração de forma restrita, voltada exclusivamente para a apreciação em dinheiro dos valores diminuídos do patrimônio econômico de quem foi vítima de erro judiciário.

Ambos os danos materiais, lucros cessantes e dano moral deverão ser arbitrados pelo juiz da esfera cível.

9.17. Isenção do dever de indenizar

Conforme alínea *b*, do inciso II do art. 630 do CPP, isenta a Fazenda Pública da obrigação indenizatória quando o erro ou a injustiça da condenação proceder de ato ou falta imputável ao próprio condenado ou quando a condenação for proferida em ação meramente privada.

Caso tenha o condenado concorrido ou dado causa a sua condenação, com dolo ou culpa grave, induzindo o juiz a erro, não pode ele postular pela indenização decorrente do gravame injusto que lhe produziu a decisão de mérito condenatória, eivada de erro judiciário.

Se o próprio condenado induz o Estado-juiz em erro, não há como sustentar legal e moralmente a obrigação indenizatória do Estado. Tem-se, neste caso, a configuração da culpa exclusiva da vítima, que, presente no caso concreto, proíbe o direito indenizatório.

Em suma, é preciso que, para ter direito à indenização, o réu não tenha provocado intencionalmente a condenação injusta.

Quando a condenação emana de acusação privada – aqui deve ser entendida as ações penais privadas exclusivas ou personalíssimas – o titular da ação é o particular e, nestes casos, o condenado deve se voltar contra o autor da ação penal privada.

Não se reconheceu direito indenizatório quando deferida a revisão criminal somente para anular o processo.[70]

9.18. Liquidação e execução da sentença

A procedência da ação de revisão criminal apenas reconhece o direito ao condenado em perceber indenização pela condenação injusta, sem, todavia, fixar-lhe os valores.

Ao reconhecer o direito indenizatório, o condenado não precisará manejar ação de conhecimento de caráter ordinário de reparação de danos. Todavia, a decisão não fixará os valores, sendo apenas e tão-somente um título que depende de liquidação na esfera cível. Em suma: existe o reconhecimento do direito, mas inexiste a quantificação de valores.

Neste ponto, o título seria ilíquido, como bem demonstra o mestre Moacyr Amaral Santos (1994, p. 220):

---

[70] Neste sentido ver JTERGS 89/47-8: **REVISÃO CRIMINAL - DIREITO A INDENIZAÇÃO POR ERRO JUDICIÁRIO - REVISÃO CRIMINAL - NÃO CABIMENTO DE INDENIZAÇÃO POR NULIDADE -** TARS: "Hipótese que se impõe anular o processo por comprovado cerceamento à regrada ampla defesa. Não reconhecimento à indenização civil inobstante deferida a revisão criminal. Votos vencidos.

[...] vale dizer, o título deve necessariamente expressar certeza, liquidez e exigibilidade da obrigação a que visa executar: certeza diz respeito à existência da obrigação; liquidez corresponde à determinação do valor ou da individuação do objeto da obrigação, conforme se trate de obrigação de pagar em dinheiro, de entrega de coisa, de fazer ou não fazer; exigibilidade tem sentido de que a obrigação, que se executa, não depende de termo ou condição nem está sujeita a outras limitações. Título que não reúna tais requisitos não goza de eficácia executiva.

Em se cuidando de título executivo, representado por sentença, preceitua o § 1º, do art. 586, do Código de Processo Civil que *"Quando o título executivo for sentença, que contenha condenação genérica, proceder-se-á primeiro à sua liquidação"*. Assim, ainda em Moacyr Amaral Santos (1994, p. 221):

[...] se a sentença profere condenação genérica, é ela ilíquida, pois não determina o valor ou a individuação do objeto da obrigação do vencido. E, sendo de tal natureza a sentença, antes da execução, como processo preparatório desta, far-se-á a respectiva liquidação, por via da qual se apurará o valor ou a individuação do objeto da sentença.

Consoante o art. 603 do Código de Processo Civil, *"procede-se à liquidação, quando a sentença não determinar o valor ou não individuar o objeto da condenação"*.

Como assinalado por José Frederico Marques (1970, p. 89),

"a liquidação da sentença trata-se de incidente, ou de novo processo, que completa a condenação, para preparar o título executivo mediante operação contábil ou de estimativa, ou através de outra relação processual".

Assim, por meio de liquidação da sentença, que no caso da revisão criminal se faz por arbitramento, levando-se em consideração a situação econômica do injustamente condenado e, presumivelmente, aquilo que ele perdeu em decorrência do erro judiciário, conforme norma prevista no art. 1.553 do Código Civil, aplicável à revisão criminal. Com a liquidação da sentença, o título executivo completa-se e integra-se, incidentalmente, para efeito de realização da sanção formulada.

O encontro do valor devido pelo sistema de arbitramento tem sentido amplo, abrangendo tanto o dano material como o moral.

9.19 Direito de regresso contra o Juiz e o Ministério Público

Como dito anteriormente, a responsabilidade do Estado pela ocorrência do erro judiciário é objetiva, não comportando a apreciação de dolo ou de culpa. Todavia, o Estado pode se voltar contra o autor do ato lesivo através da denunciação à lide.

A atual Constituição Federal, seguindo a tradição de Cartas anteriores, prevê no § 6º de seu art. 37 que: *"As pessoas jurídicas de direito público e as de direito privado prestadoras de serviços públicos responderão pelos danos que seus agentes, nessa qualidade, causarem a terceiros, assegurando o direito de regresso contra o responsável nos casos de dolo ou culpa"*.

Questão deveras interessante é o direito de regresso contra o Magistrado ou contra o Membro do Ministério Público e a questão sobre se estes respondem, quando no exercício de suas funções, pelos danos ocasionados.

Pelo que se verifica da norma constitucional transcrita, havendo dolo ou culpa do funcionário público, relativamente a sua conduta geradora da responsabilidade indenizatória do Estado, pode este último, a título de regresso, haver do servidor seu o *quantum* pago na qualidade de dano.

Ora, sendo o juiz um funcionário público, nada mais evidente que a norma constitucional sobre ele deva incidir. Como, porém, é lógico, não é qualquer ato seu que pode fazer defluir sua responsabilidade civil.

Nossa legislação admite o direito de regresso contra o magistrado quando este age com dolo ou culpa grave.

Ulderico Pires dos Santos (1984, p.126), neste ponto, assevera que a responsabilidade civil dos magistrados:

> *[...] só irrompe, desponta, nasce se, ao praticar o ato de que se queixa o prejudicado, ele o faz por dolo, fraude, erro, arbítrio, capricho, despotismo, desvio do caminho reto, por abuso de poder, pois é destes casos, onde o elemento subjetivo predomina, que sobressai sua responsabilidade civil, coisa que não ocorre nas hipóteses de atos que estereotipam apenas iniqüidades praticadas contrariamente à Justiça, porque para combater estes últimos existem os recursos previstos na lei processual civil.*

Não bastasse o comando que emerge da Constituição Federal, no sentido de o magistrado ser responsabilizado economicamente, via regressiva, quando proceder com dolo ou culpa, essa mesma responsabilidade emerge do art. 133, inciso I, do Código de Processo Civil, que, por força do art. 30 do Código de Processo Penal, aplica-se ao processo criminal: *"responderá por perdas e danos o juiz quando: no exercício de suas funções, proceder com dolo ou com culpa"*.

Assim, nas palavras de Luiz Antônio Soares Hentz (1995, p. 64):

> *[...] o certo é que existe a possibilidade de responsabilizar o juiz por incurso no art. 133 do Código de Processo Civil, e tal se dá porque as duas condutas ali previstas (fraude e dolo) se constituem em atos comissivos, impróprios para quem deve pautar-se com absoluta lisura e, conseqüentemente, retratam condutas tipificadoras de ilícitos passíveis de punição inclusive nas esferas administrativa e criminal.*

É de incontestável clareza que a responsabilidade do magistrado é pessoal, uma vez que é sua função julgar a pretensão que lhe é requerida na conformidade dos postulados legais, devendo, dessa forma, ser responsabilizado quando age contrariamente ao que é prescrito no ordenamento jurídico, com dolo ou culpa, quer ocasionando prejuízo direto à parte, quer à Fazenda Pública, a exemplo do que acontece quando o Estado fica obrigado a indenizar o erro judiciário.

Júlio Fabbrini Mirabete (1996, p. 783) ministra lição no sentido de que *"legalmente, os juízes estão sujeitos à ação regressiva movida pelo Estado que indenizar o condenado, mas somente quando houver dolo ou má-fé"* (art. 1.331, CPP).

Como assinalado por Wladimir Valler (1995, p.188):

> *[...] o dolo é o erro intencional. É a intenção de prejudicar a parte, ou seja, a intenção do ilícito. Para a caracterização do dolo não é necessário o exame do propósito do juiz em beneficiar a outra parte ou a terceiro. Pode o juiz errar intencionalmente contra uma das partes apenas e, simplesmente, por intuito de vingança ou mero capricho.*

10. A RESPONSABILIDADE CIVIL DO ESTADO E A LEGÍTIMA DEFESA

10.1. Esboço histórico

Nos primórdios da civilização humana, os conflitos havidos entre os seres humanos eram resolvidos na base da violência.

Não imperava nenhum ordenamento jurídico, prevalecia a lei do mais forte. O critério adotado pelos seres humanos para a resolução de seus conflitos de interesses era a chamada *vingança privada*.

Assim, quando ocorria um crime, na denominada fase da vingança privada, ocorria a reação da vítima, dos parentes e até do grupo social, que agiam sem proporção à ofensa, atingindo não só o ofensor, como também todo o seu grupo. *"Se o transgressor fosse membro da tribo podia ser punido com a expulsão da paz (banimento), que o deixava à mercê de outros grupos que lhe infligiam, invariavelmente, a morte"*, conforme lembra Júlio Fabbrini Mirabete (1996, p. 36).

Com a evolução da vida em sociedade, e no intuito de se procurar a proporcionalidade entre a ofensa e o dano, surge na vida em sociedade a Lei de Talião, adotada pelo Código de Hamurabi e no Êxodo, sendo um avanço, uma vez que propiciou a redução nas vinganças e nas violências praticadas.

Posteriormente, na evolução da história da humanidade, surge, na coletividade, a composição, onde o ofensor se livrava da punição, comprando sua liberdade pelo pagamento em gado, moeda ou em armas. Este instituto deu origem ao conceito de indenização que hoje vigora dentro das nossas legislações pertinentes à reparação do dano.

Na fase da vingança divina, percebe-se claramente a influência da Igreja na vida em coletividade, onde se reprimiam as condutas criminosas como satisfação aos deuses. As penas eram aplicadas pelos sacerdotes e eram severas e desumanas.

Finalmente, desmistifica-se o poder da punição divina e o homem assume a sua posição social, em que deve assumir seu papel de segurança da sociedade através da aplicação da pena, avançando até os dias de hoje, onde se prega que a pena deve ser imposta ao ofensor no sentido de ressocialização do indivíduo.

Na época dos governos absolutos, a administração pública não possuía qualquer parcela de responsabilidade sobre os atos de seus agentes, primando pela teoria da irresponsabilidade civil do Estado.

Hely Lopes Meirelles (2000, p. 554) afirma que

> *"sob o domínio dos governos absolutos negou-se a responsabilidade do Estado, secularizada na regra inglesa da infalibilidade real –* "The King can do no wrong" *– extensiva aos seus representantes".*

Posteriormente, foi adotada a doutrina civilística, ou seja, a teoria da culpa civil comum. Foi o que ocorreu com o Código Civil Brasileiro de 1916. O Estado era comparado ao indivíduo comum. O particular lesado precisava, assim, demonstrar e provar a culpa do agente público, através de princípios de culpa subjetiva, a chamada responsabilidade civil aquiliana.

Hely Lopes Meirelles (2000, p. 555) afirma que

> *"[...] sob a influência do liberalismo, assemelhou-se o Estado ao indivíduo, para que pudesse ser responsabilizado pelos atos culposos de seus agentes".*

Esta teoria (da responsabilidade comum) não se demonstrou suficiente a garantir a reparação do dano, pois, no mais das vezes, não era possível ao lesado, principalmente em virtude da desigualdade econômica e do poder, provar a ilicitude da conduta estatal, efetivada pelo agente público.

Numa evolução dos sistemas e com o predomínio das normas de direito público, pois, *"realmente, não se pode equiparar o Estado, com seu poder e seus privilégios administrativos, ao particular, despido de autoridade e de prerrogativas públicas"*, como afirma Meirelles (2000, p. 554), procurou-se solucionar o problema da responsabilidade civil do Estado, através de princípios objetivos.

Desta evolução no pensamento jurídico, acerca da responsabilidade civil, surgiram três teorias: a teoria da culpa administrativa, a teoria do risco integral e a teoria do risco administrativo.

A teoria da culpa administrativa considerava que, com a falta objetiva do serviço público, surgia para o Estado o dever de indenizar. O particular também devia comprovar a falta do serviço público, que podia ser através da inexistência do serviço, mau funcionamento ou retardamento do serviço.

Hely Lopes Meirelles (2000, p. 555) afirma que esta teoria (da culpa administrativa) representa o primeiro estágio de transição entre a doutrina subjetiva da culpa civil e a tese objetiva do risco administrativo que a sucedeu,

> *"pois leva em conta a* falta do serviço *para dela inferir a responsabilidade da Administração. É o estabelecimento do binômio* falta do serviço - culpa da Administração*"*.

Neste passo da evolução da Responsabilidade Civil do Estado, já não se indaga da culpa subjetiva do agente administrativo, mas – afirma o renomado administrativista, como lembra Helly Lopes Meirelles (2000, p. 554):

> [...]*perquire-se a falta objetiva do serviço em si mesmo, como fato gerador da obrigação de indenizar o dano causado a terceiro. Exige-se, também, uma culpa, mas uma culpa especial da Administração, a que se convencionou chamar de culpa administrativa. Esta teoria ainda pede muito da vítima, que, além da lesão sofrida injustamente, fica no dever de comprovar a falta do serviço para obter a indenização. A falta do serviço, no ensinamento de Duez, pode apresentar-se sob três modalidades: inexistência do serviço, mau funcionamento do serviço ou retardamento do serviço. Ocorrendo qualquer destas hipóteses, presume-se a culpa administrativa e surge a obrigação de indenizar.*

A segunda teoria que foi utilizada foi a teoria do risco integral, onde, se ocorresse um dano, o ente estatal deveria indenizar o prejudicado, independentemente de prova de culpa do particular.

Maria do Carmo Guerrieri Saboya Reis (1998, p. 150 e 1999) assevera que: *"a doutrina do risco integral pregava que, ocorrendo um dano causado a terceiro, a Administração tinha o dever de indenizar, em qualquer caso, independentemente de culpa do particular"*.

Bastava ao administrado, portanto, que demonstrasse ele o prejuízo como conseqüência do funcionamento do serviço público, regular ou irregular, com culpa ou sem culpa do particular. Tal teoria era fundada no fato de que a Administração deveria assegurar o risco da atividade social traduzida pela intervenção do Estado. Dada a sua posição radical – haja vista que não se admitia a discussão acerca da eventual culpa (em sentido amplo) do administrado – segundo a jurista até aqui citada e, também, segundo Hely Lopes Meirelles, essa teoria foi aos poucos abolida para dar lugar à teoria do risco administrativo.

Hely Lopes Meirelles (2000, p. 562), com a razão costumeira, afirma:

> *A teoria do risco integral é a modalidade extremada da doutrina do risco administrativo, abandonada na prática, por conduzir ao abuso e à iniqüidade social. Por essa fórmula radical, a Administração ficaria obrigada a indenizar todo e qualquer dano suportado por terceiros, ainda que resultante de culpa ou dolo da vítima. Daí porque acoimada de "brutal", pelas graves conseqüências que haveria de produzir se aplicada na sua inteireza. Essa teoria jamais foi acolhida entre nós, embora haja quem sustente sua admissibilidade no texto da Constituição da República.*

Como se observou, a adoção desta teoria seria extremamente injusta para o Estado, vez que poderia ocasionar o pagamento de várias indenizações, sem que se provasse a culpa, transformando o Estado em autêntica agência pagadora de indenizações, propiciando o enriquecimento sem causa, pois mesmo os atos lícitos, porém, danosos deveriam ser indenizados.

Com isso, surge a teoria, hoje adotada, do risco administrativo.

A teoria do risco administrativo, conforme lembra Saboya Reis, *"visa a compensar a desigualdade entre o Estado e o indivíduo, estabelece que, demonstrados o prejuízo e o nexo de causalidade entre o fato danoso e a ação ou omissão da Administração, surge para o Estado o dever de indenizar"*.

Esta teoria determina a inversão do ônus da prova, presumindo a culpa do Estado, que passou a ter o dever de provar a culpa concorrente ou exclusiva do particular, para excluir ou atenuar os prejuízos a serem considerados. Desta forma, por esta teoria, a culpa exclusiva da vítima ocasiona a quebra do imprescindível nexo causal justificador da atribuição da responsabilidade civil do Estado. Diferencia-se, pois, a teoria do risco administrativo da teoria do risco integral, porquanto, naquela, comprovada a culpa exclusiva ou concorrente da vítima, é excluída ou atenuada a responsabilidade da Administração, o que não ocorre com a doutrina do risco integral em que, conforme dito alhures, não se admite a discussão acerca da culpa ou do dolo do administrado.

Hely Lopes Meirelles (2000, p. 555) afirma que

> *"a teoria do risco administrativo faz surgir a obrigação de indenizar o dano do só ato lesivo e injusto causado à vítima pela Administração. Não se exige qualquer falta do serviço público, nem culpa de seus agentes. Basta a lesão, sem o concurso do lesado".*

Para a autora, nesta teoria não se cogita da culpa da Administração ou de seus agentes, bastando que a vítima demonstre o fato danoso e injusto ocasionado por ação ou omissão do Poder Público. Tal teoria, como o nome está a indicar, baseia-se no *risco* que a atividade pública gera para os administrados e na possibilidade de acarretar dano a certos membros da comunidade, impondo-lhes um ônus não suportado pelos demais. Para compensar essa desigualdade individual, criada pela própria Administração, todos os outros componentes da coletividade devem concorrer para a reparação do dano, através do erário, representado pela Fazenda Pública.

Cabe à Administração, assim, quando e se for o caso, demonstrar a culpa da vítima – exclusiva ou concorrente – para excluir ou atenuar sua responsabilidade.

Ainda sobre isto, assim se manifesta Hely Lopes Meirelles (2000, p. 556):

> *"Adverta-se, contudo, que a teoria do risco administrativo, embora dispense a prova da culpa da Administração, permite que o Poder Público demonstre a culpa da vítima para excluir ou atenuar a indenização. Isto porque o risco administrativo não se confunde com o risco integral. O risco administrativo não significa que a Administração deva indenizar sempre e em qualquer caso o dano suportado pelo particular; significa, apenas e tão-somente, que a vítima está dispensada da prova da culpa da Administração, mas esta poderá demonstrar a*

culpa total ou parcial do lesado no evento danoso, caso em que a Fazenda Pública se eximirá integral ou parcialmente da indenização".

Vale salientar, ainda, neste passo, que da atual teoria adotada infere-se que, como o Estado só está obrigado a reparar, se comprovado o nexo de causalidade entre o dano e sua conduta, os prejuízos causados por atos de terceiros ou fenômenos da natureza não são amparados pela responsabilidade civil objetiva na modalidade do risco administrativo. Não sendo os danos causados por agentes públicos, o particular deve provar a culpa da Administração no ato danoso de terceiros, como depredações ou fenômenos da natureza, como enchentes ou vendavais. Não se pode falar em responsabilidade do Estado, nesse caso, sem haver comprovação de culpa subjetiva.

10.2. Responsabilidade civil aquiliana

A responsabilidade civil tem como função essencial a de reparar os danos patrimoniais e se exaure com o pagamento de uma indenização ao ofendido.

No Brasil, a regra geral é a adoção da chamada responsabilidade civil aquiliana, ou seja, que, para a vítima adquirir o direito de ser indenizada pelo dano causado, necessário se faz que ela prove a ocorrência de culpa do causador do evento danoso.

Em regra geral, portanto, essa responsabilidade funda-se no critério subjetivo, de modo que será imprescindível a prova da existência de uma conduta culposa para que surja o dever de indenizar. Nesse diapasão, a responsabilidade civil aquiliana impera a regra da irresponsabilidade civil, salvo quando é demonstrado pelo lesado o dano, o nexo de causalidade e a conduta culposa do agente.

Todavia, quando temos a participação da Administração Pública no ato lesivo, essa regra não é aplicável. Aplicam-se, nos casos em estudo, a chamada responsabilidade civil sem culpa, onde a culpa é abstraída. Assim, ocorrido o dano e a sua autoria, a responsabilidade civil pela indenização desse dano é em princípio inafastável.

10.3. Da teoria da culpa administrativa

A teoria da culpa administrativa leva em conta, conforme Helly Lopes Meirelles (2000, p. 555):

"a falta do serviço para dela inferir a responsabilidade da Administração. É o estabelecimento do binômio falta do serviço – culpa da Administração. Já aqui não se indaga a culpa subjetiva do agente administrativo, mas perquire-se a falta do serviço em si como fato gerador da obrigação de indenizar o dano causado a terceiro".

Pela teoria da culpa administrativa exige-se que a vítima comprove a falta de serviço que deveria ser prestado pela Administração Pública para obter a indenização pelo dano causado. Assim, a vítima deveria provar a inexistência do serviço, o mau funcionamento do serviço ou sua inexistência, que provadas levariam ao dever de indenizar.

Nas palavras de Maria Sylvia Zanella Di Pietro (2001, p. 421)

"a teoria da culpa do serviço também chamada de culpa adminis-trativa ou teoria do acidente administrativo procura desvincular a responsabilidade do Estado da idéia de culpa do funcionário. Passou a falar em culpa do serviço público".

10.4. Teoria do risco administrativo

A teoria do risco administrativo prega a existência do dever de indenizar pela Administração Pública quando existe a lesão ao particular por ato da Administração ou de seus agentes.

Assim, por esta teoria, não se exige qualquer falta do serviço público nem muito menos a culpa dos agentes da Administração, sendo que *"tal teoria, como o nome está a indicar, baseia-se no risco em que a atividade pública gera para os administrados e na possibilidade de acarretar dano a certos membros da coletividade, impondo-lhes um ônus não suportado pelos demais"*, como lembra Meirelles (2000, p. 555).

A adoção de tal teoria funda-se em dois pilares básicos de sustentação: o risco pela prática do ato administrativo e a solidariedade entre todos os membros de uma coletividade.

A Administração Pública, porém, fica exonerada do dever de indenizar quando demonstra a culpa exclusiva da vítima ou demonstra que esta contribuiu para o evento danoso no intuito de atenuar a indenização. A Administração, para atenuar ou não pagar a indenização exigida pelo lesado, deverá provar a existência de culpa dele.

Maria Sylvia Zanella Di Pietro (2001, p. 422), citando José Cretela, afirma que esta teoria

"parte da idéia de que a atuação estatal envolve um risco de dano, que lhe é inerente. Causado o dano, o Estado responde como se fosse uma empresa de seguro em que os segurados seriam os contribuintes que, pagando os tributos, contribuem para a formação de um patrimônio coletivo".

10.5. Responsabilidade objetiva

A nossa Constituição Federal prevê em seu art. 37, § 6º e instituiu em nosso ordenamento jurídico a chamada responsabilidade civil objetiva.

A responsabilidade civil objetiva impõe ao Estado o dever de indenizar o prejudicado quando *as pessoas jurídicas de direito público e as de direito privado prestadoras de serviço público responderão pelos danos que seus agentes, nessa qualidade, causarem a terceiros, assegurado o direito de regresso contra o responsável nos casos de dolo ou culpa.*

Assim, o Estado, seja por si, ou por intermédio de seus agentes (fundações governamentais, empresas públicas, sociedades de economia mista, empresas permissionárias ou concessionárias de serviço público), quando causarem dano a terceiros decorrentes da prestação de serviço público, ficam obrigados a reparar o dano causado, independentemente de prova da existência de dolo ou culpa.

Neste sentido, não se cogita da existência do dolo ou da culpa do agente para caracterização do dever de indenizar, pois a obrigação de reparar o dano, por parte da Administração, funda-se na adoção, em nosso direito, da teoria do risco administrativo.

José Afonso da Silva (2002, pp. 645-646), sobre a responsabilidade civil objetiva, ensina que:

"[...] o terceiro prejudicado não tem que provar que o agente procedeu com culpa ou dolo para lhe correr o direito ao ressarcimento dos danos sofridos. A doutrina do risco administrativo isenta-o do ônus de tal prova, basta que comprove o dano e que este tenha sido causado por agentes da entidade imputada. A culpa ou dolo do agente, caso haja, é problema das relações funcionais que escapa à indagação do prejudicado. Cabe à pessoa jurídica acionada verificar se seu

agente operou culposa ou dolosamente para o fim de mover-lhe ação regressiva assegurada no dispositivo constitucional, visando a cobrar as importâncias despendidas com o pagamento da indenização. Se o agente não se houve com culpa ou dolo não comportará ação regressiva contra ele, pois nada tem de pagar.

José Cretella Júnior (pp. 347-348), em seu livro, nos ensina que:

"[...] sobre a teoria do risco integral – não temos dúvidas em afirmá-lo – não obstante algumas vozes em contrário, vem sendo aceita amplamente pelo direito administrativo brasileiro. Essa teoria foi há muito defendida por Pedro Lessa e exposta com grande clareza por autores modernos.

A responsabilidade civil do Estado, em face de nosso Direito Positivo, como tem sido freqüentemente julgada por nossos Tribunais é fundamentada na teoria do risco administrativo integral.

Houve prejuízo causado por funcionário ou máquina do Estado? Estabeleceu-se o nexo causal? O Estado deve ressarcir o prejuízo causado, porque o particular não vai sofrer sozinho esse dano causado, próxima ou remotamente, quer por pessoa que pertença aos seus quadros, quer por coisa que pertença ao seu patrimônio, quer pelo funcionamento errado, lento, quer pelo não funcionamento do serviço público".

Pode parecer, à primeira vista, que o texto constitucional adotou a teoria do risco integral. Todavia, nossa Constituição Federal adotou, em termos de responsabilidade civil do ente estatal, a teoria do risco administrativo. Evita-se, com isso, a brutalidade da indenização meramente devida pela ocorrência do dano.

Menciona o professor Hely Lopes Meirelles (2000, p. 558) que o exame deste dispositivo revela que o constituinte estabeleceu para todas as entidades estatais e seus desmembramentos administrativos a *"obrigação de indenizar o dano causado a terceiros por seus servidores, independentemente da prova de culpa no cometimento da lesão. Firmou, assim, o princípio objetivo da responsabilidade sem culpa pela atuação lesiva dos agentes públicos e seus delegados".*

Assim, a responsabilidade civil das pessoas jurídicas de direito público e das pessoas jurídicas de direito privado, prestadoras de serviço público, baseia-se no risco administrativo, sendo objetiva. Como lembra Alexandre de Moraes (2002, p. 332) *"Essa responsabilidade objetiva exige a ocorrência dos seguintes requisitos: ocorrência do dano, ação ou omissão administrativa; existência de nexo causal entre o dano e a ação ou omissão administrativa e ausência de causa excludente da responsabilidade estatal".*

Nossa jurisprudência, de forma equânime, preleciona que o princípio da responsabilidade objetiva não se reveste de caráter absoluto, *"eis que admite o abrandamento e, até mesmo, a exclusão da própria responsabilidade civil do Estado, nas hipóteses excepcionais configuradoras de situações liberatórias – como o caso fortuito e a força maior – ou evidenciadoras de ocorrência de culpa atribuível à própria vítima"*[71].

Temos, por conclusão, que a responsabilidade do Estado é, em princípio, objetiva onde não se perquire a existência de culpa, mas admite sua exclusão ou mesmo sua minimização quando ocorrem as figuras do caso fortuito, força maior ou mesmo a culpa exclusiva da vítima.

10.6. A responsabilidade civil objetiva e a legítima defesa

Conforme foi explicado, o Brasil adotou, a cerca da responsabilidade civil objetiva, a teoria do risco administrativo.

Neste caso, não se perquire nem se investiga a ocorrência de dolo ou de culpa por parte da Administração, bastando a ocorrência do ato lesivo e a ocorrência de liame de causalidade entre o prejuízo e a conduta do Estado ou de seus agentes administrativos.

Todavia, o Estado fica isento do dever de indenizar na ocorrência de caso fortuito ou de força maior, ou no caso de culpa exclusiva da vítima, fatos estes que fazem desaparecer o nexo causal. A questão que doravante passaremos a discutir será o caso do agente administrativo que age em legítima defesa e que, em virtude desse fato, vem a ocasionar danos à vítima ou a terceiras pessoas.

Primeiramente, é de consignar que, neste caso, há de se distinguir se a culpa da vítima é exclusiva ou concorrente com a do poder público. No primeiro caso, o Estado não responde pelos prejuízos causados. Isto é afirmado, uma vez que a culpa do lesado exclui a responsabilidade do Estado, quando for ocasionada por ato da própria vítima, o que impossibilita o estabelecimento de um nexo causal ou normativo entre o evento danoso e a conduta do Estado, que, neste caso, é lícita.

Podemos afirmar esta situação adotando um simples evento: imagine-se que uma pessoa agrida um agente da administração pública e este repele a agressão com os meios

---

[71] Neste sentido ver R.D.A 137/233 – RTJ 55/50.

necessários. Neste caso, não há como se responsabilizar o Estado pelo pagamento de qualquer indenização, eis que a vítima, por sua ação ou omissão, voluntária ou negligente, imprudente ou imperita, por ato exclusivo seu, deu causa à reação do agente do Estado. A assunção deste risco pela vítima faz cessar a relação de causalidade entre o evento danoso e o ato do agente.

Neste sentido, já decidiu que quando o agente da administração, mesmo à paisana, age em legítima defesa não há dever de indenizar por parte do Estado.[72]

Já se decidiu que não há dever de indenizar do Estado quando ocorre a morte de meliante, quando há confronto armado com policiais, quando a própria vítima inicia o tiroteio.[73]

Tem-se, neste caso, a ocorrência da legítima defesa, eis que os agentes da Administração se defenderam de agressão injusta, moderadamente, defendendo direito seu e de outrem, com ânimo de defesa. Todavia, para fins de responsabilização civil objetiva, o evento ocorreu por culpa exclusiva da vítima que fez eclodir o evento danoso.

Assim, exclui-se a responsabilidade civil do Estado em ação indenizatória, quando a própria vítima agiu de forma delituosa, assumindo o risco do resultado danoso.

Todavia, havendo excesso no exercício do direito de defesa, configura-se a ilicitude do ato, subsistindo o dever de indenizar do Estado.[74]

---

[72] Neste sentido ver Apelação Cível nº 264.836-1 - São Paulo - 3ª Câmara de Direito Público - Relator: Ribeiro Machado - 06.02.97 - V. U.: EMENTA : INDENIZAÇÃO - Responsabilidade civil - Fazenda do Estado - Policial Militar à paisana e não exercendo suas funções atinge contendor com disparo feito com arma da corporação - Indícios veementes de que procedeu em legítima defesa própria - Responsabilidade objetiva do Estado não caracterizada - Sentença mantida - Recurso não provido.
[73] Neste sentido ver TJ-SP – Ac. unân. da 2ª Câm. de Direito Público julg. em 10-2-98 – Ap. Cív. 013.683-5/4-Capital – Rel. Des. Corrêa Vianna; in ADCOAS 8159264: RESPONSABILIDADE CIVIL DO ESTADO - MORTE EM CONFRONTO COM POLICIAIS – DESCABIMENTO – Descabe a responsabilidade Civil do Estado em ação indenizatória movida pela viúva e filhos do ofendido, morto após confronto com policiais militares, se o conjunto probatório indica ter sido iniciado o tiroteio pela vítima, sendo positivo o laudo residuográfico, além da posse de cocaína encontrada também em seu sangue, bem como se os agentes estavam no regular exercício de sua atividade. Assim, deve ser reconhecida a legítima defesa.
[74] RECURSO - Recursos ex officio e apelações cíveis Responsabilidade civil - Morte de menor que exercia atividade remunerada por policiais militares - Ação civil ex delicto promovida pelos pais - Pretensão à indenização por danos material e moral, com fixação de pensão mensal - Vítima que acabara de participar de assalto à mão armada - Tiros disparados contra os policiais - Revide - Excesso dos policiais na legítima defesa, executando a vítima quando já ferida e caída ao solo - Sentença de procedência parcial mantida - Fixação de pensão mensal em 2/3 do salário mínimo vigente, até quando completasse 25 anos de idade - Dano moral negado - Recurso dos autores provido em parte, negado provimento aos demais. Ainda que a reação inicial do agente policial tenha sido esboçada em legítima defesa, defendendo-se de agressão armada de pessoa que acabara de praticar ilícito penal, o excesso na reação, ou seja, o excesso na legítima defesa, afasta a causa excludente de responsabilidade e impõe que o Estado indenize os familiares da vítima. (Apelação Cível nº 42.724-5 - São José dos Campos - 3ª Câmara de Direito Público - Relator: Rui Stoco - 26.10.99 - V. U.)

Tupinambá Miguel Castro do Nascimento (1995, p. 20) sustenta que, em *"casos como o presente, foi a conduta da vítima que ocasionou o ato danoso, não se podendo perquirir de eventual direito indenizatório, por culpa exclusiva do ofendido"*.[75]

Yussef Said Cahali (1996, p. 61) explica que

"não legitima a responsabilidade civil do Estado, se encontra sua causa exclusivamente no procedimento doloso ou gravemente culposo do próprio ofendido".

A culpa exclusiva da vítima, ocorrente neste caso, exclui a responsabilidade civil do Estado.[76]

Interessante é o exemplo da pretensão indenizatória formulada pela vítima contra agente da administração, quando este segundo foi absolvido pela Justiça **Castrense** pela ocorrência da legítima defesa, tendo sido considerado improcedente o pedido ressarcitório.[77]

Já se decidiu que não há dever de indenizar do Estado quando há invasão de presídio, com morte de detentos, para impedir a destruição da Cadeia em rebelião que os próprios presidiários iniciaram.[78]

---

[75] "Com efeito, se a causa exclusiva ou única dos danos é a culpa da vítima ou de terceiro, este sem qualquer vinculação com o Estado, o nexo causal não tem origem na atividade da administração pública ou em sua omissão. Ao contrário, o nexo causal se daria entre o ato ou omissão culposos da vítima e os danos então resultantes. Esta excludente ataca a raiz da responsabilidade. Inclui-se nesta excludente a situação de ter o agente público agido em legítima defesa ou em defesa de terceiro, lesando ou matando o ofensor. Toda legítima defesa é uma reação necessária, proporcional ou moderada, que buscar cessar a agressão de alguém, no caso ofendido ou a vítima. Na pureza desta excludente, o agente público age voluntariamente e pretendendo a reação. Mas o ponto nevrálgico reside no fato de que foi a conduta da vítima que, injustamente, iniciou a agressão, que gerou todo o processo de defesa que ocasionou os danos. Na hipótese, por isso, a culpa é exclusiva da vítima ou ofendido." Conforme Tupinambá Miguel Castro do Nascimento *in* Responsabilidade Civil do Estado, Aide Editora, 1995, p. 20.

[76] Ver neste sentido RTJ 91/377, RT 434/94.

[77] Responsabilidade Civil do Estado – Vítima de disparo feito por policial militar – Absolvição deste por legítima defesa pela Justiça Castrense – Excludente da responsabilidade ressarcitória reconhecida. No processo crime, perante a Justiça Castrense, o ofensor foi absolvido por existirem circunstâncias que excluem a ilicitude do fato. Consta dessa decisão que a arma foi sacada em legítima defesa. Reconheceu-se, também, na sentença recorrida, que o mal sofrido pela vítima decorreu de repulsa a uma agressão injusta. Está em harmonia com a lei, e essa é a Jurisprudência do STF que "os atos praticados em legítima defesa só obrigam a reparação em relação a terceiro, não participante do ato que motiva a repulsa a terceiro não participante do ato que motiva a repulsa legalmente autorizada". (Cahali, op. cit. p. 61).

[78] Neste sentido ver TJSP - 8ª Câm. de Direito Público; Ap. Cível nº 240.511-1/7-São Paulo; Rel. Des. Raphael Salvador; j. 03.04.1996; maioria de votos. BAASP, 1951/153-j, de 15.05.1996. RESPONSABILIDADE CIVIL DO ESTADO - Morte de detentos em rebelião, que eles iniciaram. Invasão da Penitenciária para impedir sua completa destruição, para garantir a segurança dos

Haverá o dever de indenizar da Administração Pública quando ocasionar dano a terceiro [79], mesmo atuando o agente em legítima defesa, quando esta terceira pessoa não participou do evento. Exemplifica-se: se o agente da administração pública age em legítima defesa contra ato de um agente, danificando ou destruindo bens de terceiro que não participou da relação de agressão, deverá o Estado indenizar os prejuízos causados, voltando-se regressivamente contra o agressor. Tal é a orientação do Supremo Tribunal Federal, uma vez que os atos praticados em legítima defesa só obrigam a reparação a terceiro, se este não participou do ato que motivou o exercício do direito de defesa. Por fim, quanto à legítima defesa putativa, subsiste o dever de indenizar do Estado, uma vez que a legítima defesa putativa, como visto anteriormente, não é causa excludente da responsabilidade civil.

A razão é simples: na legítima defesa putativa não se detecta a culpa exclusiva da vítima. Forma-se na mente do agente público, por erro, uma agressão que não existe, mas se existisse, justificaria a agressão. Ocorre que a agressão somente se desenhou na mente do agente público, sem que houvesse qualquer participação da vítima, não havendo, destarte, culpa da vítima.

Neste caso, o agente público também não agiu com culpabilidade, isto, porém, de nada importa, eis que nestes casos a responsabilidade civil do Estado é objetiva, onde não se perquire a existência de dolo ou culpa. Neste caso, haverá ação regressiva contra o agente, vez que não agiu amparado por qualquer excludente da responsabilidade civil.

Em suma, é de se concluir que não há responsabilidade civil do Estado quando seus agentes agem amparados pela excludente da legítima defesa real em ação

---

demais detentos não amotinados e para apagar o incêndio que se apontava como devastador. Atuação legítima da Polícia Militar. Invasão plenamente justificável e reação à atitude agressiva dos presos. Responsabilidade civil do Estado inexistente. Ação improcedente e recursos providos.

[79] Ver Apelação Cível nº 42.465-5 - São Paulo - 8ª Câmara de Direito Público - Relator: Torres de Carvalho - 06.10.99 - V. U : RESPONSABILIDADE CIVIL DO ESTADO - Disparo de arma de fogo por policial militar ao prender, em coletivo, rapaz que acabara de assaltar o cobrador - Legítima defesa caracterizada - Lesões parciais permanentes causadas, por um dos projéteis, em uma passageira - Nulidade da sentença - Caso fortuito - Redução da indenização - A ré se defende dos fatos narrados, não de sua capitulação legal, e a partir de tais fatos foi condenada, inexistindo decisão por fundamento não constante da inicial - Descabe falar em surpresa para a defesa se ambas as teses, da culpa subjetiva e do risco, foram cumpridamente enfocadas na contestação - Não há afronta aos arts. 128 do Código de Processo Civil e 5º, LV da Constituição Federal - Ainda que afastada a imprudência do miliciano ante a configuração da legítima defesa, cabe ao Estado indenizar o dano causado a terceiro pelo ato de seu agente, quer pela teoria do risco (que se amolda à responsabilidade subjetiva) quer pela teoria da responsabilidade objetiva do Estado - Não há como afastar sua responsabilidade - Inaplicável o disposto no art. 1.058 do Código Civil, que cuida de inexecução e pressupõe uma obrigação anterior, sem interferir com o nascimento da obrigação em si - A hipótese dos autos, de qualquer forma, não configura caso fortuito - Embora parcial a incapacidade, não tem a autora como pagar apenas uma parte do salário de quem venha ajudá-la - Caso em que se justifica, pelas suas peculiaridades, a determinação do pagamento de indenização por inteiro ainda que não demonstrada a efetiva contratação da empregada - Recursos voluntário e oficial improvidos.

indenizatória promovida pelo autor das agressões; eis que tal situação é considerada como culpa exclusiva da vítima.

Se os agentes agem sob o manto da legítima defesa real e, em conseqüência desta defesa, vem atingir patrimônio de terceiro, este somente poderá se voltar contra a Administração Pública, se não participou do evento.

Quanto à legítima defesa putativa, existe o dever de indenizar, eis que não configurada qualquer participação da vítima no evento danoso.

Todavia, já houve condenação do Estado em ação indenizatória, quando seus agentes, agindo em legítima defesa, atingiram terceira pessoa inocente, causando-lhe a morte.[80]

Interessante foi a decisão de nosso Tribunal de Justiça no caso denominado *Chacina do Carandiru,* onde o Estado foi obrigado a pagar indenização à família dos detentos mortos, eis que não demonstrada a legítima defesa dos agentes administrativos que participaram da rebelião.[81]

---

[80] AÇÃO ORDINÁRIA - INDENIZAÇÃO POR DANOS MORAIS - Autora menor, que perde a mãe, quando passava pela via pública, alvejada por disparo de arma de fogo feito por militar do Estado em serviço (bala perdida). Sentença de procedência parcial do pedido. Apelação do réu. O ato praticado em legítima defesa obriga à reparação em relação a terceiro não participante do fato que motiva a repulsa legalmente autorizada. O Estado, incumbido da segurança pública no meio social, responde, objetivamente, pelos atos dos seus servidores que colocam em risco a incolumidade das pessoas em lugares públicos, quando, por qualquer motivo, não sejam executados com a perfeição necessária e causem prejuízos financeiros a terceiros, vítimas inocentes, que deveriam estar sob seu poder de proteção. A indenização por dano moral, no caso, é devida, não para reparar a mágoa, senão com o fim de minorar a dor da saudade e da tristeza sentida por filha diante da perda de sua mãe, de tudo na vida que ela deveria lhe dar, e como sanção para quem tem o dever de pagar a verba, ficando o exemplo para se trabalhar intensamente a fim de evitar-se a repetição de comportamentos capazes de gerar outros fatos como o sancionado. Recurso improvido. Julgado do juízo monocrático confirmado, no proceder-se ao seu reexame obrigatório. (Boletim da Associação dos Advogados de São Paulo, 2149/265, de 06.03.2000).

[81] Ver Apelação Cível nº 272.243-1 - São Paulo - 6ª Câmara de Direito Público - Relator: Oliveira Prado - 15.09.97 - M. V.: RESPONSABILIDADE CIVIL DO ESTADO - Detento morto em estabelecimento prisional durante o que se chamam "Chacina do Carandiru" - Inegável responsabilidade objetiva do Estado pela incolumidade física do detento, respondendo pela morte, quer tenha sido causada por companheiros ou policiais - Legítima defesa dos agentes policiais não demonstrada - Correta exegese dos arts. 5º, *caput*, XLIX e 37 § 6º da Constituição Federal - Nega-se provimento aos recursos oficial e da Fazenda.

CONCLUSÃO

Hoje, a questão da responsabilidade civil no Brasil começa a se tornar tão difundida quanto nos países mais desenvolvidos, como, por exemplo, nos Estados Unidos da América.

À primeira vista, todo e qualquer ato ilícito seria capaz de gerar efeito patrimonial contra o ofensor. É o que genericamente dispõe o art. 186 do Código Civil.

Preocupa-se o legislador pátrio com o ressarcimento dos danos, estimulando a composição civil dos prejuízos, em face do advento da Lei 9.099/95, estimulando a indenização, com a impossibilidade de a vítima representar ou oferecer a queixa.

Mas nem todos os atos são suscetíveis de reparação indenizatória, haja vista que o art. 188 do Código Civil, categoricamente, dispõe que não serão indenizados os atos ilícitos que forem praticados em legítima defesa.

Apenas e tão-somente a legítima defesa real exonera o agente do dever de indenizar, ficando fora desta determinação legal os casos da legítima defesa putativa, onde não há a exclusão do ilícito, mas sim do dolo.

A legítima defesa putativa se equipara à legítima defesa real, unicamente, para efeito de excluir a ilicitude da reação. O direito penal isenta de pena o agente que atua amparado pela legítima defesa real quanto o agente age amparado pela legítima defesa putativa.

Todavia, para fins de direito indenizatório, não há razão jurídica para privar a vítima inocente do direito indenizatório, isto porque tem esta o direito de ser reparada pelos danos causados, eis que não deu causa à agressão, uma vez que a agressão só existe na mente do agente que age por erro.

Não é justo que a vítima arque com as conseqüências do ato danoso, uma vez que não tem o dever de suportar as conseqüências do ato com o esfacelamento de seu patrimônio por agressão, que apenas e tão-somente existe na mente do agressor.

Assim, mesmo que a culpa for levíssima, na legítima defesa putativa, fica o ofensor obrigado a reparar os prejuízos sofridos pela vítima ou por terceira pessoa.

Ao se defender esta idéia, é argumento inafastável e indiscutível que a vítima, ao conseguir a prolação de *decisum* condenatório na esfera criminal, terá, em seu favor, título executivo judicial, onde se irá discutir apenas o *quantum debeatur*, não se podendo mais discutir o *an debeatur.*

Ocorre que o problema de ordem prática que se apresenta é que a suspensão do processo cível só pode acontecer dentro do prazo temporal de 01 (um) ano, segundo preceitua o art. 265, § 5º do Código de Processo Civil, e, na maioria dos casos, este é o prazo em que geralmente se conclui o inquérito policial, no caso de réu solto.

Por outro lado, é *praxis* comum que o julgamento do réu ocorra após um lapso considerável da data em que ocorreu o crime, isto porque alguns advogados adotam como *modus operandi* o de adiar ao máximo o julgamento, no afã de que a comunidade esqueça um pouco da repercussão do delito.

Além disso, o que afasta completamente a tese da suspensão do processo é a de que os Tribunais encontram-se abarrotados, o que impede o julgamento dos recursos interpostos, além do que o julgamento de réus presos tem prioridade sobre os julgamentos dos réus soltos, daí se concluindo que o prazo para se conseguir uma sentença definitiva de mérito é por demais superior ao prazo de um ano fixado pela legislação processual civil, fato que inviabiliza a suspensão do processo.

Assim, a interpretação da lei segue a orientação de que o juiz facultativamente pode suspender o processo.

A propositura da *actio civilis ex delicto,* como exercício do direito de ação, não é impedida pelo reconhecimento da legítima defesa, haja vista que, no direito pátrio, é consagrado o princípio da independência das jurisdições civis e criminais, mas o autor terá como obstáculo ao seu direito a disposição expressa do art. 188, inciso I, do Código Civil, que obstaculiza o direito indenizatório, no caso de ocorrência da legítima defesa.

As indenizações por atos ilícitos são normalmente cabíveis nos casos de homicídio, lesões corporais, ofensas à liberdade pessoal e atos esbulhativos, e, caso não se consiga provar a excludente da legítima defesa, ficará o agente, nos casos de homicídio, obrigado a reparar a vítima com indenizações relativas ao seu tratamento médico hospitalar, com seu funeral e com o luto da família, com a prestação de alimentos às pessoas a quem o *de cujus* devia, além do dano moral, ficando ressalvado que, na hipótese de a vítima ter concorrido para o *eventus damni,* a indenização será devida pela metade.

Finalmente, necessário se faz ressaltar que, para ser amparado pela legítima defesa, é necessário que esteja presente *in casu* todos os requisitos objetivos previstos no art. 23 do Código Penal e pela adoção no Código Penal da teoria finalista da ação; também é necessário que o agente tenha conhecimento da agressão e, ainda, que aja imbuído do *animus deffendendi.*

Assim sendo, se o agente age amparado pela legítima defesa, o ato passa a ter caráter de licitude, afastando por completo a possibilidade de indenização, haja vista que esta só é cabível quando o ato praticado pelo agente reveste-se de roupagem totalmente contrária ao direito.

O Código Civil taxa de ilícito o ato praticado pelo agente quando este extrapola seus limites, indo além das regras de experiência comum, denominando esta conduta de abuso de direito.

Não haverá direito indenizatório quando o agente pratica um ato para preservar direitos, tendo que destruir ou remover um obstáculo. Todavia, se o agente vai além do necessário, pode responder civilmente pelo denominado abuso de direito.

O prazo para ajuizamento da ação de reparação de danos por ato ilícito é de três anos. Cumpre salientar que o prazo prescricional ou decadencial fica suspenso, até que sobrevenha decisão final na esfera penal, em caso de prática de ato delituoso também capitulado como infração penal.

Ficou demonstrada a total independência da jurisdição civil e da jurisdição penal. Entendo que, no caso de ações simultâneas, a ação civil deve ficar suspensa, até que se aguarde o resultado da esfera penal, uma vez que a sentença penal condenatória faz coisa julgada no cível, bem como o reconhecimento da excludente; também é fato impeditivo de prosseguimento da ação civil.

Sobre a culpa concorrente que anteriormente previa a repartição dos prejuízos, esta teve significativa inovação. Acompanhando a tendência da jurisprudência moderna, a culpa concorrente, se ocorrer, para fins de fixação de indenização, prevê que o julgador analise a conduta dos envolvidos no evento para, tendo em conta a participação de cada um, fixar o *quantum* indenizatório.

Quando o agente defende sua posse ou sua propriedade, utilizando os meios que dispõe, o denominado desforço pessoal, o defendente não pode ir além dos meios necessários para a defesa, sob pena de configuração do abuso de direito.

Por fim, é necessário frisarmos que a sentença penal condenatória pode ser revista a qualquer tempo através da revisão criminal. Tal fato é de suma importância, uma vez que, se procedente, pode acarretar um pedido por parte do sentenciado de indenização por erro judiciário.

Sobre a responsabilidade civil do Estado é necessário afirmarmos que, quando agente da Administração praticar um ato em legítima defesa, o Estado não terá obrigação de ressarcir eventuais prejuízos, eis que comprovada a culpa exclusiva da vítima. Todavia, esta legítima defesa terá de ser a legítima defesa real, eis que a legítima defesa putativa impõe o dever indenizatório do Estado.

Se terceiro teve atingido seu patrimônio e não o causador do ilícito, mesmo havendo a legítima defesa, terá o Estado que indenizar seus prejuízos, cabendo ao Estado o direito de regresso contra o causador do dano. Neste caso, não haverá direito de regresso contra o agente da administração, eis que este agiu sob a excludente da legítima defesa.

REFERÊNCIAS

ABREU, Florêncio. **Comentários ao Código de Processo Penal**. Volume 5. Rio de Janeiro: Forense, 1945.

ALSINA, Jorge Bustamante. **Teoria General de la Responsabilidad Civil**, 9ª. Edição, Abeledo Perrot, Buenos Aires, 1997.

AYNÉS. **Droit Civil, Les Obligations.** Paris, nº 642.

BITENCOURT, Cezar Roberto. **Manual de Direito Penal:** Parte geral. 4ª edição. São Paulo: Revista dos Tribunais, 1997.

BORGES DA COSTA. **Comentários ao Código de Processo Penal,** 3ª edição, São Paulo: Revista dos Tribunais, 1982.

BOULOC, Bernard. **Procédure Penale**. Paris: Press Universitaries de France, 1957.

BUSSADA, Wilson. **Danos e Indenizações Interpretados pelos Tribunais.** São Paulo: Jurídica Brasileira Ltda., 1996.

CAHALI, Yussef Said. **Responsabilidade Civil do Estado.** 2ª edição. São Paulo: Malheiros Editores, 1996.

CÂMARA LEAL, Antônio Luiz. **Comentários ao Código de Processo Penal Brasileiro.** Volume 1. São Paulo: Freitas Bastos, 1942.

CAPEZ, Fernando. **Curso de Processo Penal**. 5ª edição. São Paulo: Saraiva, 2000.

CARNELUTTI, Francesco. **Direito Processual Civil e Penal**. Volumes I e II. Campinas: Peritas Editora e Distribuidora Ltda., 2001.

CAVALIERI Fº, Sérgio. **Programa de Responsabilidade Civil.** 1ª edição. São Paulo: Malheiros Editores, 1997.

COSTA Jr. José. **Comentários ao Código Penal.** Volume 1, 1ª edição. São Paulo: Saraiva, 1986.

COUTOURE, Eduardo. **Fundamentos del derecho procesal civil.** Buenos Aires, Depalma, 1981.

CRETELLA Jr, José. **Curso de Direito Romano**: O direito romano e o direito civil brasileiro. Rio de Janeiro: Forense, 1997.

DELMANTO, Celso. **Código Penal Comentado**. Atualizado e ampliado por Roberto Delmanto, 3ª edição. São Paulo: Edição Renovar, 1991.

DEMERCIAN, Paulo Henrique e MALULY, Jorge Assaf. **Curso de Processo Penal**. São Paulo: Atlas, 1999.

DIAS, José de Aguiar. **Da Responsabilidade Civil**. Tomo I, 3ª edição. Rio de Janeiro: Forense,1954.

DINIZ, Maria Helena. **Código Civil Anotado.** 3ª edição aumentada e atualizada. São Paulo: Editora Saraiva, 1997.

DINIZ, Maria Helena. **Curso de Direito Civil Brasileiro: Responsabilidade Civil.** 7º Volume, 21ª edição. São Paulo: Editora Saraiva, 2007.

DI PIETRO, Maria Sylvia Zanella. **Direito Administrativo**. São Paulo: Malheiros, 2001.

ESPÍNDOLA Fº, Eduardo. **Código de Processo Penal Brasileiro Anotado**. Campinas: Bookselleer Editora e Distribuidora, 2000.

FARIA, Bento. **Código de Processo Penal.** Rio de Janeiro: Record e Jacinto, 1960.

FERREIRA, Manoel Cavaleiro. **Lições de Direito Penal:** A Lei Penal e a Teoria do Crime no Código Penal de 1982. Volume I. 2ª edição. Editorial Verbo: Lisboa, 1986.

FENECH. **El proceso penal**. Madrid, AGESA,1974.

FIGUEIRA Jr.; DIAS, Joel e RIBEIRO LOPES, Maurício Antônio. **Comentários sobre a Lei dos Juizados Especiais Cíveis e Criminais.** São Paulo: Revista dos Tribunais, 1995.

FIÚZA, César. **Direito Civil:** Curso Completo. Belo Horizonte: Del Rey, 1999.

FRANCO, Alberto Silva e outros. **Código Penal e sua interpretação jurisprudencial.** 5ª edição revista e ampliada. São Paulo: Revista dos Tribunais, 1995.

FULGÊNCIO, Tito. **Da posse e das ações possessórias**. Volume I. Rio de Janeiro: Forense, 1995.

GHERSI, Carlos; ROSSELO, Gabriela e HISE, Mônica. **Derecho y Reparacion de Daños**. Buenos Aires: Universidad, 1998.

GOMES, Orlando. **Direitos Reais**. 6ª edição. Rio de Janeiro: Forense, 1978.

GONÇALVES, Carlos Roberto. **Responsabilidade Civil**. 6ª edição. São Paulo: 1995.

GONÇALVES, Carlos Roberto.**Principais Inovações no Código Civil de 2002**. Saraiva: São Paulo, 2002.

GRECO Fº, Vicente. **Manual de Processo Penal**. 6ª edição. São Paulo: Saraiva, 1999.

GRINOVER, Ada Pellegrini; FERNANDES, Antônio; e GOMES, Luiz Flávio Gomes. **Juizados Especiais Criminais**. São Paulo: Revista dos Tribunais, 1995.

GRINOVER, Ada Pellegrini. A Reforma do Código de Processo Penal in **Farol Jurídico.** São Paulo: Consulex, 1998.

GRINOVER, Ada Pellegrini. **Eficácia e autoridade da sentença penal.** São Paulo: Revista dos Tribunais

GRINOVER, Ada Pellegrini. **Juizados Especiais Criminais**. 3ª edição. São Paulo: Revista dos Tribunais, 1997.

GRINOVER, Ada Pellegrini. O Ministério Público na reparação do dano às vítimas do crime *in* **Tribuna do Direito**. São Paulo: março de 1994, p. 05.

HENTZ, Luiz Antônio Soares. **Indenização do Erro Judiciário**. São Paulo: Leud, 1995.

HUNGRIA, Nelson. **Comentários ao Código Penal**. 5ª edição. Volume I, tomo II. Rio de Janeiro: Forense, 1994.

KARDEC, Allan. **Livro dos Espíritos**. Tradução de J. Herculano Pires. 45ª edição. Livraria Allan Kardec, 1986.

LEVASSEUR, George. **Procédure Penale**. 14ª edição. Paris: Dalloz, 1990.

LEONE, Giovanni. **Manuale di Diritto Processuale Penale**, 11ª edição. Nápoles: Jovane, 1982.

LINHARES, Marcelo. **Legítima Defesa**. 2ª edição. Rio de Janeiro: Forense, 1980.

JESUS, Damásio Evangelista. **Código Penal Anotado**. 5ª edição ampliada e atualizada. São Paulo: Saraiva, 1995.

JESUS, Damásio Evangelista. **Código de Processo Penal Anotado**. 16ª edição. São Paulo: Saraiva, 1999.

JESUS, Damásio Evangelista. **Direito Penal: Parte Geral**. 1º Volume, 19ª edição Revista e Atualizada. São Paulo: Saraiva, 1991.

JESUS, Damásio Evangelista. **Lei dos Juizados Especiais Criminais Anotada**. 3ª edição. São Paulo: Saraiva, 1996.

MACHADO, Antônio Cláudio da Costa. **Código de Processo Civil Anotado Jurisprudencialmente**. 1ª edição. São Paulo: Saraiva, 1996.

MANZINI, Vincenzo.**Institucioni di Diritto Processuale Penale**, 12ª edição. Pádua: Cedam 1967.

MARTON, G. **Les fondementes de la responsabilité civilie**. Paris: 1938.

MARQUES, José Frederico. **Elementos de Direito Processual Penal**. Volume 3. 2ª edição. Rio de Janeiro: Forense, 1970.

MAULAIRÉ. **Droit Civil: Les Obrigations**. Paris: § 96, p. 337.

MAURACH, Reinhart. **Derecho Penal: Parte General:** Teoria general del derecho penal y estructura del hecho punible. Editorial Astrea: Buenos Aires, 1994.

MEIRELLES, Hely Lopes. **Direito Administrativo Brasileiro.** 21ª edição. São Paulo, Malheiros Editores, 2000.

MIRABETE, Júlio Fabbrini. **Código Penal Interpretado.** 4ª edição. São Paulo: Atlas, 1996.

MIRABETE, Júlio Fabbrini. **Manual de Direito Penal.** Volume I. 6ª edição. São Paulo: Atlas, 1991.

MIRABETE, Júlio Fabbrini. **Juizados Especiais Criminais.** São Paulo: Atlas, 1997.

MIRABETE, Júlio Fabbrini. **Processo Penal**. 7ª edição. São Paulo: Atlas, 1997.

MIRANDA, Pontes. **Tratado das Ações**. Volume 5. Campinas: Bookseller, 1998.

MONTEIRO, Washington de Barros. **Curso de Direito Civil Brasileiro: Da Responsabilidade Civil.** 7º Volume, 2ª edição. São Paulo: Saraiva, 1986.

MONTEIRO, Washington de Barros. **Curso de Direito Civil: Direito das Coisas.** 3º Volume, 25ª edição revista e atualizada. São Paulo: Saraiva, 1986.

MONTEIRO, Washington de Barros. **Curso de Direito Civil.** Volume 1, Parte Geral, 10ª edição. Saraiva: São Paulo, 1971.

MORAES, Alexandre. **Direito Constitucional.** São Paulo: Atlas, 2002.

MOSSIN Fº, Heráclito. **Curso Completo de Processo Penal.** São Paulo: Atlas, 1999.

NALIN, Paulo Roberto Ribeiro. **Responsabilidade Civil e Descumprimento do Contrato e Dano Patrimonial**. Curitiba: Juruá, 1996.

NASCIMENTO, Tupinambá Miguel Castro. **Responsabilidade Civil do Estado.** São Paulo: Aide Editora, 1995.

NEGRÃO, Theotônio. **Código Civil e legislação civil em vigor**. 16ª edição. São Paulo: Saraiva, 1997.

NEGRÃO, Theotônio; GOUVÊA, José Roberto Ferreira. **Código de Processo Civil e legislação processual em vigor**. 16ª edição atualizada até 05 de janeiro de 1997. São Paulo: Saraiva, 1997.

NOGUEIRA, Paulo Lúcio. **Curso Completo de Processo Penal.** 11ª edição. São Paulo: Saraiva, 2000.

NORONHA, Edgar de Magalhães. **Direito Penal.** 26ª edição. Volume 1. São Paulo: Saraiva, 1999.

NORONHA, Edgar de Magalhães. **Curso de Direito Processual Penal.** 25ª edição. São Paulo: Saraiva, 1997.

OLIVEIRA, Eugênio Pacelli de. **Curso de Processo Penal.** Belo Horizonte: Del Rey, 2002.

OLIVEIRA, Juarez. **Código Penal:** Legislação Brasileira. 35ª edição. São Paulo: Saraiva, 1997.

PEREIRA, Caio Mário da Silva. **Instituições de Direito Civil.** Volume IV, 13ª edição. Rio de Janeiro: Forense, 1999.

PEREIRA, Caio Mário da Silva. **Responsabilidade Civil.** Rio de Janeiro: Forense, 1996.

PEREIRA, José Ruy Borges. **Tribunal do Júri – Crimes dolosos contra a vida.** 1ª edição. São Paulo: Saraiva, 1993.

PINHO, Ruy Sérgio Rebello. **A reparação do dano causado pelo crime e processo penal.** São Paulo: Atlas, 1987.

PINTO, Antônio Luiz de Toledo; VAZ, Márcia Cristina. **Código de Processo Penal:** Legislação Brasileira. 31ª edição, São Paulo: Saraiva, 1992.

PLANIOL, Marcel. **Traité élémentaire de droi civil,** 2ª edição. Paris: 1902, nº 870.

QUADROS, Fausto. **Responsabilidade Civil Extracontratual e Contratual da Administração Pública.** Coimbra, Portugal: Livraria Medina,1995.

RAMIREZ, Juan Bustos. **Manual de Derecho Penal Español.** Parte General. Editora Ariel S/A, Barcelona, 1984.

RANIERI, Silvio. **Manuale di Diritto Processuale penale.** 5ª edição, Pádua, Cedam Dott Antonio Milani, 1965.

REIS, Maria do Carmo Guerrieri Saboya. "A responsabilidade civil do Estado e a culpa concorrente da vítima". Revista Jurídica, nº 246, abril 1998, p. 150 *in* **Juris Síntese Legislação e Jurisprudência,** nº 20, nov. e dez., 1999.

RODRIGUES, Sílvio. **Direito Civil: Responsabilidade Civil**. Volume 4, 12ª edição. São Paulo: Saraiva, 1989.

ROMEIRO, Jorge. Perdão Judicial *in* **Revista Brasileira de Criminologia e Direito Penal**. São Paulo: 10:73 - julho-setembro, 1965.

ROQUE, Sebastião José. **Moderno Curso de Direito Civil e Comercial**. São Paulo: Ícone Editora, 1994.

RUGGIERO, Roberto. **Instituições de Direito Civil.** Volume III, 1ª edição, Campinas, 1999.

SALLES JÚNIOR, Romeu de Almeida. **Código Penal Interpretado.** 1ª edição, São Paulo: Saraiva, 1996.

SANTORO, Arturo. **Manuale di Diritto Penale.** Volume I, Unione Tipográfico Editrice Torinense: Torino, 1958.

SANTOS, Moacyr Amaral. **Primeiras Linhas de Direito Processual Civil**. Volume 3. São Paulo: Saraiva, 1994.

SANTOS, Ulderico Pires. **A responsabilidade civil na doutrina e na jurisprudência**. Rio de Janeiro: Forense, 1984.

SEGURADO, Milton Duarte. **Introdução ao Estudo do Direito**. 1ª edição. Campinas: Julex, 1979.

SILVA, Wilson Melo. **Responsabilidade sem Culpa**. 2ª edição, 1974, São Paulo, Saraiva.

STEFANI, Gaston; LEVASSEUR, Georges e BOULOC, Bernard. **Droit penal general**. 16ª édicion. Dalloz: Paris, 1997.

STOCCO, Rui. **Responsabilidade Civil e sua Interpretação Jurisprudencial**. 3ª edição. São Paulo: Revista dos Tribunais, 1997.

STOCCO, Rui. **Código Penal e Sua Interpretação Jurisprudencial, Parte Geral,** 6ª edição Revista e Atualizada. São Paulo, Revista dos Tribunais.

TELES, Ney Moura. **Direito Penal**. 2ª edição. São Paulo: Atlas, 1998.

THEODORO Jr., Humberto. **Comentários ao Novo Código Civil**. Volume III. Tomo II. Forense: São Paulo, 2003.

TOLEDO, Francisco de Assis. **Princípios Básicos de Direito Penal.** 4ª edição. São Paulo: Saraiva, 1991.

TOURINHO Fº, Fernando da Costa. **Código de Processo Penal Comentado.** Volume I, 1ª edição. São Paulo: Saraiva.

TOURINHO Fº, Fernando da Costa. **Processo Penal.** Volume 2, 20ª edição. São Paulo: Saraiva, 1998

TOURINHO Fº, Fernando da Costa. **Manual de Processo Penal.** 1ª edição. São Paulo: Saraiva. 2001

TORNAGHI, Hélio. **Curso de Processo Penal.** 6ª edição. São Paulo: Saraiva, 1989.

VALLER, Wladimir. **Reparação do Dano Moral no Direito Brasileiro,** 3ª edição. Campinas: 1995.

VILLAS BOAS, Marco Antônio. **Processo Penal Completo.** São Paulo: Saraiva,1991.

VITU, André. **Procédure pénale.** Paris, Presses Universitaires de France, 1957.

ZDRAVOMÍSLOV, SCHNEIDER, KÉLINA Y RASHKÓVSKAIA. **Derecho Penal Soviético:** Parte General. Editorial Temis: Bogotá, 1970.

Impresso nas oficinas da
SERMOGRAF - ARTES GRÁFICAS E EDITORA LTDA.
Rua São Sebastião, 199 - Petrópolis - RJ
Tel.: (24)2237-3769